吉村順三（よしむら　じゅんぞう）

一九〇八年　（明治四十一年）九月七日、東京・本所の呉服屋に生まれる。
一九二一年　「住宅」誌主催「小住宅設計懸賞」に二案応募して入選、選外佳作。
一九二三年　関東大震災で本所付近全壊。
一九二六年　東京府立第三中学校卒業。
一九三一年　東京美術学校卒業。卒業制作が最小限住宅で、新しい住宅のスタンダードのあり方を提案。全部組立て方式で、椅子がすべて壁に引っ掛けられるもの。
一九三一年　在学中からアントニン・レーモンド事務所に通い、入所。
一九四〇年　帰米したアントニン・レーモンドに呼ばれ、渡米。
一九四一年　太平洋戦争開戦直前、最後の引揚げ船竜田丸で帰国。同じ船に乗り合わせていた、

在りし日の吉村順三。一九九三年頃、下田にて

バイオリンの勉強でジュリアード音楽院に留学していた多喜子さんと出会い、その後結婚。チェリストになった長女隆子さんと三人家族。
一九四一年　十二月八日、建築設計事務所開設。独立後の処女作品は、佐倉厚生園サナトリウム。
一九四五年　東京美術学校（後の東京芸術大学）助教授就任。
一九四九年　東京芸術大学と改称。同大学建築科助教授就任。
一九五六年　日本建築学会賞受賞（国際文化会館の共同設計）。パーソン賞受賞（ニューヨークの一連の作品）。
一九六〇年　皇居新宮殿の設計者に選定され、基本設計。
一九六二年　東京芸術大学建築科教授就任。
一九七〇年　東京芸術大学建築科名誉教授。
一九七二年　デザイン優秀賞受賞（ニューヨーク・ジャパンハウス）。
一九七五年　日本芸術院賞受賞（奈良国立博物館）。
一九八二年　勲三等旭日章受章。
一九八九年　毎日芸術賞受賞（八ヶ岳高原音楽堂）。
一九九四年　文化功労者顕彰。
一九九七年　逝去。勲二等瑞宝章受章。
日本芸術院会員、日本建築学会名誉会員、新日本建築家協会会員、メキシコ建築士会特別会員、アメリカ建築家協会名誉会員、等。

主な作品

一九五〇年代
ニューヨーク近代美術館日本館（一九五八年、フィラデルフィア市公園に移築。松風荘と愛称）／南台の家（吉村邸）

建築家 吉村順三のことば一〇〇

建築は詩

永橋爲成 監修

吉村順三建築展実行委員会 編

国際文化会館（前川國男、坂倉準三、吉村順三　共同設計）／ニューヨーク郊外のモテル・オン・ザ・マウンテン
一九六〇年代
森の中の家（軽井沢吉村山荘）／NCRビル／俵屋／池田山の家／皇居新宮殿基本設計
青山タワービル・タワーホール／ホテル・フジタ京都／新日本製鐵新山谷寮・研修センター
一九七〇年代
軽井沢の山荘（脇田邸）／山中湖の山荘（亀倉邸）／ジャパンハウス（ニューヨーク）／奈良国立博物館
ポカンティコヒルの家（ロックフェラー邸）／愛知県立芸術大学キャンパス
一九八〇年代
八ヶ岳高原音楽堂／茨城県近代美術館

主な著書及び出版物

『SD別冊NO.1　空間の生成　愛知芸大のキャンパス』（共著）／鹿島出版会／一九七一年
『現代日本建築家全集8　吉村順三』栗田勇監修／三一書房／一九七二年
『吉村順三作品集1941-1978』新建築社／一九七八年
『吉村順三のディテール——住宅を矩計で考える』（共著）／彰国社／一九七九年
『火と水と木の詩』新建築家技術者集団岐阜支部／一九七九年
『別冊新建築　日本現代建築家シリーズ7　吉村順三』新建築社／一九八三年
『吉村順三建築図集』／同朋舎出版／一九九〇年
『吉村順三・住宅作法』（共著）／世界文化社／一九九一年
『吉村順三素描集』／同朋舎出版／一九九二年
『小さな森の家』建築資料研究社／一九九六年

建築家として、もっとも、うれしいときは、建築ができ、そこへ人が入って、そこでいい生活がおこなわれているのを見ることである。

日暮れどき、一軒の家の前を通ったとき、家の中に明るい灯がついて、一家の楽しそうな生活が感ぜられるとしたら、それが建築家にとっては、もっともうれしいときなのではあるまいか。家をつくることによって、そこに新しい人生、新しい充実した生活がいとなまれるということ、商店ならば新しい繁栄が期待される、そういったものを、建築の上に芸術的に反映させるのが、私は設計の仕事だと思う。つまり計算では出てこないような人間の生活とか、そこに住む人の心理というものを、寸法によってあらわすのが、設計というものであって、設計が、単なる製図ではないというのは、このことである。

『朝日ジャーナル』一九六五年七月十一日号　（＊1、＊2）

グリーティングカード「森の中の家」

はじめに

二十一世紀の建築や町について考える時、建築家吉村順三のことばを思い出す。

一九〇八年（明治四十一年）生れで、一九九七年に逝去した吉村は、少年の時から住宅に興味をいだき、日本の自然と風土に培われてきた独特の伝統的建築に魅力を覚え、人の生活と幸せ、ヒューマンなものを建築に具体化することを一貫して実践してきた。地域に貢献する、品のある美しい建築を求め、つくりつづけて二十世紀を生きた建築家である。

現在、建築家を評価するとき、使いやすさやヒューマンなものといった観点より、新しい構造、造型、表現、象徴などに対して評価する傾向がある。しかし、現代の無秩序な都市、生活文化の荒廃と厳しい環境問題を前に、建築家は何をしなければならないだろうか。また、何ができるだろうか。

生活文化の構築と都市の再建は多くの市民の自覚と努力によるものであり、建築家は、その具体化の一端を担う者である。

吉村は、生前、これからの建築家のあり方を問われたとき、「簡素でありながら美しいもの、自分達の住んでいる日本の、長年にわたる風土と文化によって培われてきたさまざまな建築から学び、日本の気持ちから出たものをつくるべきでしょう」と語った。

吉村の建築思想や設計方法について文章で表現したものは少ない。しかし、折々に語ったことばや寄稿は短いが、その視点とおもいからは、日本文化、これからの建築や町づくりを考える上で、多くの示唆を受けるものである。そうした建築家吉村順三のことばを、存命中に活字となった新聞、雑誌、書籍等から選び、吉村が語った「建築は詩である」ということばを借りて、語録集『建築は詩』を刊行する。

特に、若い方々が、建築家吉村のおもいにふれ、豊かな夢を抱いて日本の真の近代化への歩みに寄与することになれば、編者にとってこのうえなくうれしいことである。

二〇〇五年十月吉日

吉村順三建築展実行委員会

目次

口絵の版画、各章扉の楽器イラスト、本文中のスケッチは、すべて吉村順三による。
装丁・本文レイアウト　山口デザイン事務所　山口信博

すまい　生活と人の感情

住宅が基本

住宅が好きですから、やっぱり住宅が基本だと思います。どんな小さな住宅でも本当にうまく出来たら、とても大きな仕事でもできると思います。

ライトだってミースだって、コルビュジェだって、デュドックだって皆いい住宅を設計しているでしょう。住宅は設計の基本だと思っています。

住宅が出来なければでかい建築もできないという気がします。

『火と水と木の詩』（＊3）

一九二四年　両国界隈

家の形

私は家の形がひとつひとつそんなに違う必要はないと思いますね。世界じゅうどこに行ってもだいたい同じような形の家で、そのなかでいかに個性を出そうかと考えているわけでしょう。それこそ鳥の巣とか、けものの巣とかのありように通じるもの。同じ鳥の巣なら皆、同じような形をしていますね。そのなかでどう住むかというところが、人間の面白さじゃないでしょうか。

『ホームプランニング　世界の市民住宅』（＊4）

一九二六年　遼陽の瓦工場

住宅の基本形

住宅の基本形というのは立方体である。ある明るさがある。そうしてそこに火と水と便所がある。それから植物がどうしても要る。これは1鉢の植木でもいいから要る。それが人間の最低の原型だと思います。もちろん丸い家だとか6角形の家だとかにも興味はあります。しかしそれは余裕があるときで、経済的なスペースをつくるということが私たち建築家の責任じゃないかという考えをもっているからです。それにプラス、いまの時代はメカニカルとかテレビとかアルファがついてその時代の家ができるのですが、植物はどうしても何らかの形でなくてはいけないと思います。それは庭になったり出窓になったりいろいろするでしょうけれども、どうしても植物はほしいですね。

『新建築』一九六八年一月号（＊5、＊6）

一九二六年　遼陽の白塔

ヒューマンスケール

アメリカでね、僕が一番影響を受けたというか一番魅力を感じたのは、コロニアル時代の建物ですね。あの時代の非常に大変な生活の中の真剣さが建物に表われています。それから、材料なんかの制限もあったからかもしれないが、なかなかスケールがいい、ヒューマンスケールがあります。

『吉村順三のディテール——住宅を矩計で考える』（＊7）

一九二六年　遼陽の椿さん官舎

よい住宅

たまり――重心のある空間を

よいプロポーションでおさまっている家、単純明快におさまっているシンプルな家などはたいへん気持のよいものであるが、「よい住宅」というのは、形そのものよりむしろ、その家自体に「たまり」というか、重心のある居住空間のある家のことだと思う。

フィリップ・ジョンソンの自邸は1室空間のシンプルな形をした気持ちのいいものであるのだが、私はむしろその住居空間が使われ方によって、「たまり」を中心としていろいろと変化する魅力ある演出に感心したのである。「たまり」はそこで営まれるであろう家庭生活を豊かに楽しくするものである。それは昨今のレクリエーションにならないレジャーなどで心身をすりへらさずにすむような場を家庭生活に与えることになるだろう。

『新建築』一九六六年一月号（＊8、＊6）

一九四〇年　山陽丸の船上

住宅の広さ

住宅の広さという問題は、心理的な問題ではないでしょうか。狭い家でもそのなかでどこまで広く自由さを取れるかということがプランのいちばんはじめの条件だよ、とみんなにいっているのです。もちろん広い方がいいんですけれども、狭くてもデザインによって広さを感じさせられる。私は割合ドアの高さを高くするのです。そうすると、解放感がずっと出てくるわけです。障子の桟など大きくするのも広く見せるひとつの方法なのです。これからの問題は、空間の自由な感覚をどれだけ狭い家のなかで獲得するかということだと思います。

『新建築』一九六八年一月号（＊5、＊6）

単純な部屋

ぼくはこの部屋みたいにわりあい単純な部屋を造るんですね。そうすればどういうふうにでも飾れるわけですね。あんまり建築家の方でつくりすぎてしまうと、住むひとなりの趣味を生かして面白く住むことができなくなりますからね。ぼくはそういうふうにつくりますが、いまは逆にこう住むんだと押しつけるのが多いみたいです。そのかわり、どの家を見ても皆、同じになっています。

『ホームプランニング　世界の市民住宅』（＊4）

八畳

ぼくはアパートなんかを設計しますとね、子どもの部屋などには六畳をつくりますが、主寝室に相当するような部屋は必ず八畳にするんです。八畳ならタンスを置いても人の住まえる寸法なんですよ。それ以下の二メートル五十センチなんていうのは、人の住まいの寸法ではないと思うんです。

『ホームプランニング　世界の市民住宅』（＊4）

一九二三年　小笠原の母島

天井高

京都の町家は小壁が小さく、天井もひくくて気持のよい立面をしている。私はもともと、内法5尺7寸という寸法が決定的ともいえるほど、いい高さの寸法であると思っていたし、そのうえ小壁がひくく、天井高の低いのが好きだったのだが、のちにアメリカにおいて、ボストン付近のコロニアル風の住宅をみたとき、天井が意外に低く、そのうえ、たいへん気持のよい空間をしていたものだから、すっかり自信をえ、今では、できるだけ天井高を押えるよう意識している。

『新建築』一九六六年一月号（＊8、＊6）

居心地のいい広さ

基準っていうわけではないけど、ひとつの目安だね。人間にとって居心地のいい広さってどのくらいなんだろうって考えて来たから、旅行したりすると、そういう広さを注意して見て来たんだけどね。おもしろいもので、だいたい三間角《かく》、五メートル四、五十センチ四方ってところだったね。どこも、いい寸法っていうのがそうなってるんだ。

『吉村順三・住宅作法』（＊9）

一九二四年　箱根駒ヶ岳の遠望

家のセンター

ぼくは住宅ではリビングというより、食事をする場所がいちばん中心と思うんです。このごろお客さんするとき、それも大きなパーティーなんかはレストランでやりますでしょう。仕事場も外ですね。で、家にいま残っているものは何かというと、家族みんなでそろって食事をすること、これがとても大事じゃないか。ですからぼくはわりあいにその場所を家のセンターに置くんです。あとはそれに付随して広々とした部屋、広い居間があればそれに越したことはありません。

『ホームプランニング　世界の市民住宅』（＊4）

シンプルな形

小さな住宅ですから複雑な恰好にすることは原則としていけないと思います。その場合シンプルな形の中に、今までの住宅の概念を詰め込むというのではなく、このスペースをどう住みこなして行くかということですね。構造的にも殻は簡単に、そしてフレキシブルな考えを入れて置かねばいけない。

『新建築』一九五八年十一月号（＊10）

床のレベル

住宅というのは私は長い経験から、割合に床のレベルの単純な家のほうがいいと思っております。

『キサデコールセミナーシリーズ6〈設計技術を語る〉伊豆多賀の家　吉村順三』（＊11）

一九二六年　鏡台

日本の庭

日本住宅というのは、庭がなかったら非常に貧弱な空間になってしまうと思うんです。京都あたりの名園と結びついた方丈や住宅、茶室から庭園を全部取ってしまったら、いかに建築がみじめなものになってしまうか、皆さんもちょっと想像していただければおわかりになると思います。そうして非常に軽い建築を、庭の石などでうまくバランスさせて安定した空間につくり上げる――それが日本の特色だと思います。

『講演対談シリーズ＝住宅を語る　吉村順三』（＊12、＊13）

部屋のあかり

それは低い位置の方がいいね。かたちが良くなるんだよ、部屋のね。床が明るくなって、あかりの重心が低くなるでしょう。この、床が明るくなるっていうのがとても重要なことだと思う。だいたい住宅ではよほど特殊な場合を除いては天井はあまり明るくないほうがいいんじゃない？　部屋がずっと落ち着いてくるから。部屋もちょっと暗めのほうが僕はいいと思うね。それでいて手元とか必要な所がちゃんと明るければそれでいいんだからね。

『吉村順三・住宅作法』（＊9）

一九二六年　北京の天壇祈年殿

主婦のコーナー

必ず主婦の居られるコーナーを作っているつもりです。場所がない時は、台所の隅の下の扉を取り除いて椅子を置いて、掛けられるようにします。できればなるべく小さい部屋でも一つ作るようにしますね。

主婦が幸福でなければ、いい家庭にならないし、家もよくはならないですね。

『火と水と木の詩』(＊3)

一九二六年
北京の繍綺橋

日本の家

　ぼくの子どものころの日本の家というのは、もう少しそれなりに家に対する具体的な関心があったと思います。もちろん床の間、違いだながあるのがいちばんいい部屋で、そこをどう扱い、玄関をどうするとか。またそれに付随していろいろなお作法があり、生活そのものと家の形とのあいだにもっと関連があって、ひとつの伝統をかたちづくっていたと思いますね。これに対して、戦争そのものも大きな影響を与えたと思いますけれども、同時に田舎から東京に出てきた人が多くて、そこでガラリと生活が変わる。そのうえ、戦後急激に新しい小さな住宅ができ、そこに押し込まれたあげくに伝統と切れてしまったんだと思いますね。

『ホームプランニング　世界の市民住宅』(＊4)

住まいの教育

ぼくはもっと一般の学校教育で、家や住まいといった教科を入れるべきだと思いますね。それが結局、将来の日本人の生活にプラスになるんじゃないでしょうか。外国ではずいぶんちゃんとしたテキストをつくってやっていますよ。

『ホームプランニング　世界の市民住宅』（＊4）

一九二六年
北京の昆明湖十七孔橋

責任のある自由さ

私は住宅の設計を内部から進めていき、最後にエレベーションのスタディにとりかかることにしている。

エレベーションは本来近隣との関係に責任をもち、節度のある態度でとりくむべきものである。エレベーションにかぎらず、一般に物の形は固定した論理でもって、やみくもにつくられるべきものではない。人間の自由さをいいものとして形に生かしていく努力——責任のある自由さ——を大切にしたい。

『新建築』一九六六年一月号（＊8、＊6）

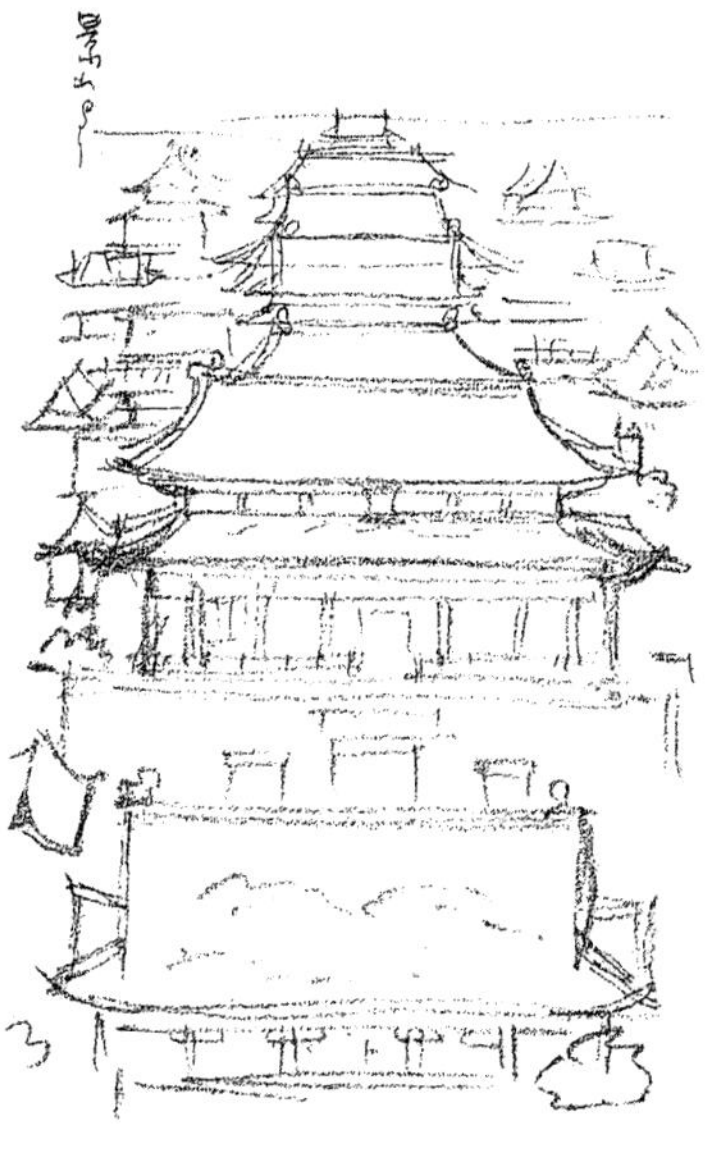

一九二六年　北京の景山より故宮を望む

家具

住み心地のよい住宅、住み心地の悪い住宅、これらは、その中におかれる家具と強いつながりをもっている。家具の寸法と部屋の大きさとの関係や、家具の位置関係はそこで行なわれる生活の重心をどこにおくか、さらにそこへ出入りする人の動きをどう処理するかということできまり、プランニングのさい部屋の大きさや、形をきめるうえで欠くことのできない要素となるものである。

『新建築』一九六六年一月号(＊8、＊6)

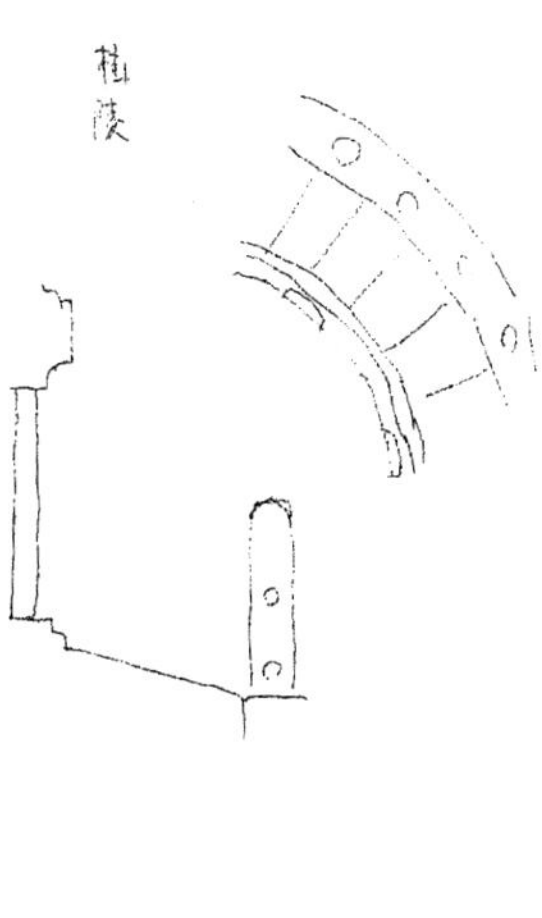

一九二六年　朝鮮の掛陵

寸法にあらわす

計算では出てこない人間の生活とか、そこに住む人の心理というものを、寸法にあらわすのが設計という仕事だと前に述べたことがあるが、実際、建物の完成度は、詳細に検討された各部の寸法、比例によって決まる。そういう意味では、詳細図を作る過程は、当初の基本計画を自ら批評し推敲を加えてゆく仕事にほかならない。1／20、1／10、1／5、1／1と自己批評を重ね、推敲を深めた図面であって、はじめて職方を納得させることが出来、安心して施主に引き渡せる作品となるのである。

『吉村順三建築図集』（＊14）

一九二六年　朝鮮の掛陵

火と水と植物　光と音楽

水と火

人間は非常に水と関係があるんじゃないでしょうか。風景のいいところ、人のいくところは、必ず湖か川か海か、庭には池があるとか滝があるとか。たとえば芦ノ湖のない箱根山なんて、魅力がないでしょうね。それから、もうひとつ、火ですよ。いまの火鉢でやっておられるの、（笑）とっても、羨しいんですがね。

『現代日本建築家全集8　吉村順三』（＊15）

光と火

水というものは、人間の幸福に関係があるということです。それから光ね。僕は住宅なんかでは、やっぱり、夜の楽しさと、昼の楽しさの両方ある方がいいと思います。

火というのは、誰でも火を持つことをやってみたら皆好きになりますね。これは昔から人間の身体の中にある本能でしょう。一つの。

実際に火を炊いて話しをしていると全然、雰囲気が楽しくなってきます。

『火と水と木の詩』(＊3)

一九二六年　慶州郊外の家

欲しいのは光

空間の快適さと物的快適さの中で光が占める役割の重要さというのは、相当なものではないかと思います。ただそこでぼくらが欲しいのは光であって、照明器具ではない。

『講演対談シリーズ＝住宅を語る　吉村順三』（＊12、＊13）

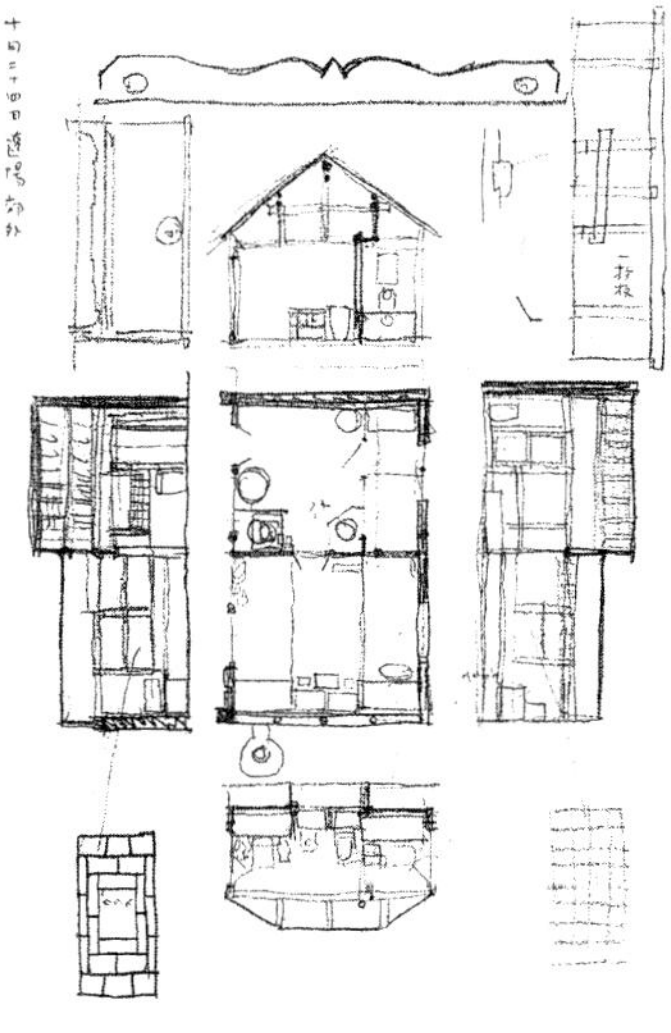

一九二六年　遼陽郊外の民家

燃える火

暖炉によって、そこに燃える火によって室内空間は楽しく演出される。私は居間におけるドラマチックな効果をねらって、たいていの居間に暖炉を設けるが、日本間における床の間のように、部屋のきめ手としての役割を果たさせるところまでは考えていない。

『現代日本建築家全集8　吉村順三』（＊16）

火の身になって

火の身になって自分が火だと思って設計すれば絶対燃えるのです。通り道を想像して、自分が燃えてあの穴を通って天井まで行くという、そんな風に設計すれば、僕も二〇〇位造りましたが大丈夫ですね。それと皆形からいくでしょう。形は後なんですね。

燃える為にどういうのがいるかってわかったら、それから格好つけるんです。

『火と水と木の詩』（＊3）

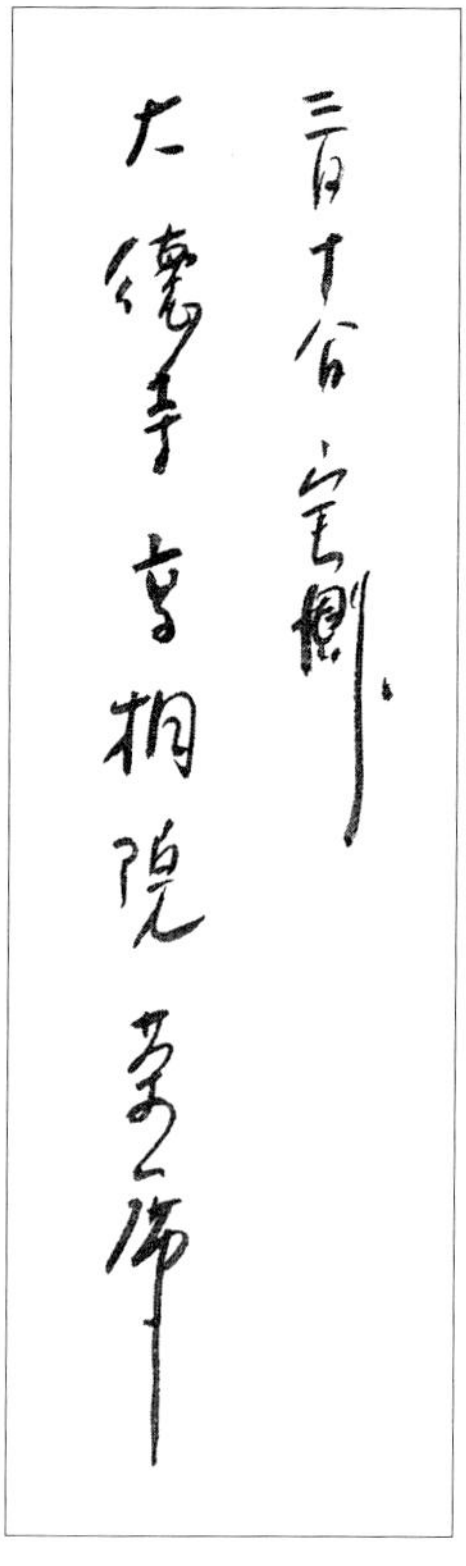

学生時代　大徳寺高桐院松向軒の実測

一鉢の花

家というのは箱だけど、一鉢の花でもよいからベジテーションが要るということをいうのはそこなんです。どうしても人間は、植物を見るかあるいは水の音を聞くかなどして、そういうことによって人間であるということの存在を確かめる訳でしょう。そういう意味で全然そういうことなしの人間というのはあり得ないんじゃないかと思うのです。

建築家は観念的に人間を考えるだけでなくて、人間のためにものを処置する仕事をしなきゃならない訳ですから、そういうものももっと具体的に考えるべきだということなんです。

『新建築』一九七三年一月号（＊17、＊6）

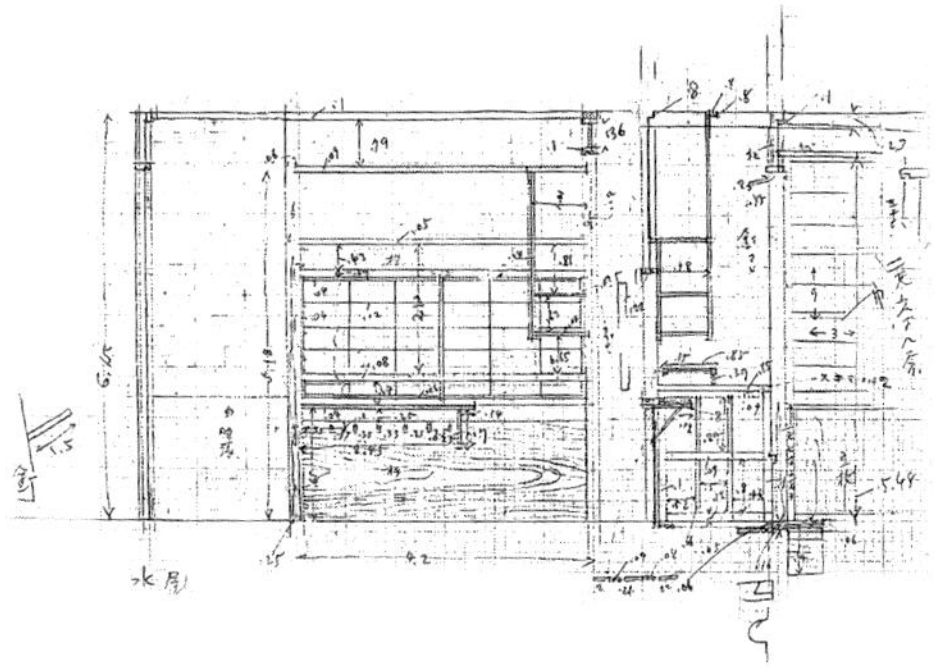

学生時代　大徳寺高桐院松向軒の実測

楽器がある

修学院離宮に琴を置く棚がありますね。楽器というのは、鳴らさなくてもそこにひとつの世界をつくるものなのですね。楽器があるということで、雰囲気がずっと豊富になりますね。昔よく三味線など置いてあって、なかなか気持のよい部屋がありました。ああいうふうに楽器が部屋に置いてあるということ、これは世界共通につくってきた雰囲気ではないかと思うんですよ。

『新建築』一九六八年一月号（＊5）

音楽

西洋と東洋と違うなあと思うのは音楽ですね。つまりこういう風に思うのです。西洋のほんとうにいいものは、西洋音楽に結集されているのではないか。現状に於てはあらゆるものを包含したアートですよ。

　新しい音楽は、歴史とか気持とか——エモーションといいますか、感情といいますかそういうものを全部抽象しているものが音楽でしょう。

　日本のものでも能など見ていると、日本のそういうものの抽象を感じますね。

『婦人画報』一九五九年六月号（＊18）

一九三七年　飯綱山の夕べ

人間の喜びのために

わたしはベートーヴェンが好きなんですが、その理由のひとつは、ベートーヴェンをきくと元気になる、ファイティング・スピリットが盛り返してくるということなんです。建築家の多くはバッハ好きで、バッハの音楽の健康でフレッシングなストラクチュアに興味を持つようですが、いろいろなものに通じるからでしょう。ただ、さきほど音楽の喜びとおっしゃったけれど、建築だって彫刻だって、やっぱり人間の喜びのために創っているわけで、建築の場合にもストラクチュア以外に、建築の心というものがあると思うんです。

『音楽の友』一九七八年八月号（＊19）

一九三八年　千本の網小屋

パターン

ベートーヴェンのシンフォニーの楽譜を見ながらきいてみると、それがまたとてもいいいんですね。構造といいますか、非常にシンプルな繰り返しの組み立てがすごくうまいんです。建築でいうとパターンね、単純なパターンでできているけれど、その混ぜ方、つまり構成がうまいですね。そう、心が出て来るということでしょうか。

『音楽の友』一九七八年八月号（＊19）

天地のリズム

いまはなにか、あまりにも能率とかそういうものに追われましてね、だけど、いまおっしゃった詩が自由になったといいますけど、私はやっぱり、根本に、あるリズムがあって、天地のリズムといいますか、そういうものがあってこそ、はじめてかえって自由になれるんであってね、十二音階音楽とかいろんなことがありますが、そういう階調をはずして自由になろうとすると、かえって、自由度がせばまっちゃうんじゃないかと思うんです。もっと大きな、やっぱり昔のそういうリズムが必要なんで、ちょっといまはそういうことを皆忘れているんじゃないかという気がするんですけどね。詩なんか、ぼくはよくわかりませんけど、かえって階調のある詩のほうが、結局、自由がうたえるんじゃないかと……。

『現代日本建築家全集8　吉村順三』（＊15）

一九三八年　千本の松原

まち・都市

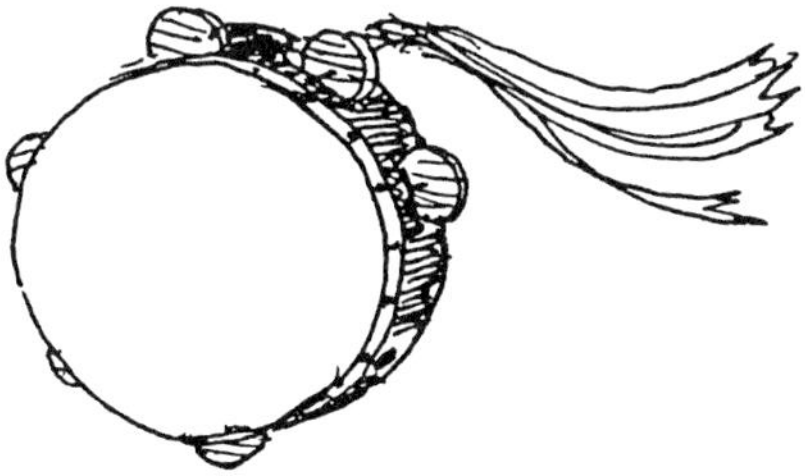

環境

家は風景の一部になりますから、環境に責任をもたねばなりません。
環境破壊の点、美的な点でいえば日本はいまどん底だと思います。これからはそれを取り返していかねばなりません。日本の文化の上に立ったデザインでなければいけません。

『社会福祉法人　浴風会』一九七九年五月一日号（＊20）

町のキャラクター

僕はあまり町を造るということは、経験がないのですけれど、とにかく同じ家でも、自然でも、例えば川中島なんて何もない所だけど、やっぱり歴史があるというだけで何か訴えるものがあるでしょう。だからそれは尊重すべきだと思います。ですから、ただ、町造りというのは、町のキャラクターは出すべきだと思います。

だから名所等に建物を造るときやっぱり、土地の歴史とか、ローカルカラーというものを織り込むべきだと思います。

『火と水と木の詩』（＊3）

mukoni mieru yamawa suruga no yama

一九三八年
伊豆の畑。遠く駿河の山を見る

町づくり

昔は町でも村でもみんなで共同して家を建てることが多かったと思うんです。とくに村なんかそうですね。町でも「講」があって、いつも無尽かけておいて、こんどはどこを建てるんだということで、いつもコミュニティを意識しながら建ててるんですね。だけどいまの自由主義は相手に犠牲を強いる自由主義であって、けっしてフェアな自由主義じゃないんですよ。ほんとうの自由主義というのは、相手の立場を考えたうえでの自由でなきゃいけないわけでね。そういうことからも、いまの町づくりは間違っていると思うんです。

『ホームプランニング　世界の市民住宅』（＊4）

軒の出

どんな小さいうちだって、人々の共有する風景の一つになるわけでしょう。そうすれば、その軒の出なんてものも、やっぱり施主が軒の出いらんといっても、やっぱりもしその風景に必要であるならば、建築家は、ある程度までそれを実現するという責任があるんじゃないか。

『吉村順三のディテール――住宅を矩計で考える』（＊7）

一九三八年　沼津の富士

ヒューマンな町

昔の下町では、隣の人がこうやったから、自分の家もこうやろうっていう気持ちがあったんだよ、そういうエチケットが。みんなが持っていたんでしょう。それがあったから近所の人と気持ちのいい付き合いや気持ちのいいヒューマンな町ができてたんだよね。人のことなんか考えないで勝手気ままに建てるってことは、要するにそういう気持ちがないからだよ。

『吉村順三・住宅作法』（＊9）

一九四〇年　ハイウェイの風景

街並み

その一軒から。自分のデザインする一軒から、街並みを変えていくんだよ。それくらいの気持ちでやらなきゃ何も良くなっていかないよ。建築家には、そういう社会的な責任があると思うね。

『吉村順三・住宅作法』（＊9）

一九四〇年　ニューヨークの摩天楼

向こう3軒両隣り

「向こう3軒両隣り」ということばがあります。もともと、自分の家を中心にして道をへだてて向かい側3軒、左右両隣り2軒合わせて近所の5軒とは親しくしておくべきものという意味でいわれていたわけですが、このことばは日常生活のなかで、相互に親しくあいさつをかわしたり、ごみ処理の責任をわかち合うなど生活に密着した連帯感をささえる基礎的な単位を示すことばでもあるのだと考えられます。

社会生活のいちばん小さな単位として、このような6軒ひと組みの大きさを考えるなら、それは現代社会でも居住地での連帯感を築くうえで有効であるばかりでなく、人間的親密感を保ちうる大きさの限界であるとも考えられます。

『新建築』一九六八年一月号（＊21）

一九四〇年
ニューホープ。左端が我が家

風景を感じて

昔の部落がきれいに見えるというのは、一軒一軒建てる場合でも、その周囲におさまるように、こう建てるべきだという意識がとても強かったと思うんです。こんなところには自分の家でも大きくつくってはいかんとか、いろんな考え方あるでしょうけど、全体として、その風景を感じて、そこにおれは建てるんだという感じが強かったと思いますよ。いまでも、一般の人がそういうふうにやれば、いまみたいな混乱はないと思いますが、いまはそんなところまで考えないで、そのものだけを考えますからね。

『現代日本建築家全集8　吉村順三』（＊15）

一九四〇年
ニューホープにて

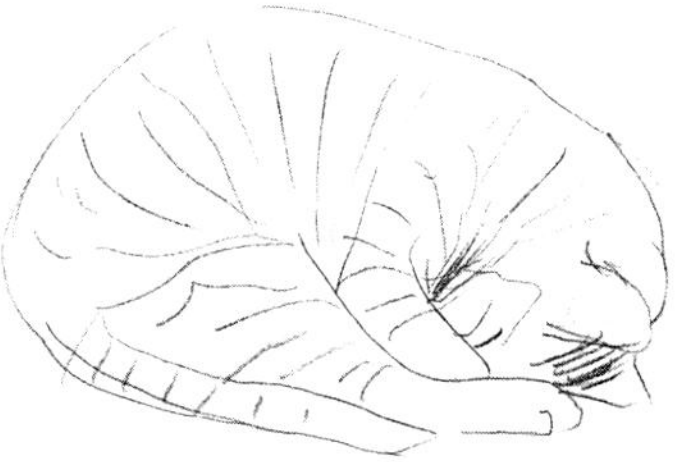

自動車

その頃、ニューヨークへ行ってみましたら、ちょうど今の日本みたいで、自動車の国のようでした。日本はまだ戦争前でした。ニューヨークでは歩いている人がいないんです。

自動車ばかりが走っていて自動車という動物が住んでいる国みたいな感じがしました。建物の方はまだ、スカイスクレーパーはシカゴとかニューヨークには数多く建ってたけれど、何か納得のいかないものがありました。どこか、前のいきさつから抜け出さないで、いろんな角に装飾を付けたり、エントランスを飾ったりして、遠くから見るとニューヨークという町は、すごく面白いのだけれども、そばへ行って見ると、あまり感動しませんでした。しかしコロニアルの建築は、そこに真剣さがあって非常に美しいと思います。

愛情と言うと言葉が悪いのだけれど……誠意かな。本当に誠意を持って造った物は、本物だという感じを得ました。

『火と水と木の詩』（＊3）

一九四〇年　ストラスバーグ

伝統と近代化

近代化

戦後の日本は生活の近代化を外面的にとらえることにのみ追われて、人間生活に最も大切な精神面の近代化を忘れているように思われる。言うまでもなく、文化の向上は人間生活の精神的な面を無視しては考えられない。建ち並ぶ高層ビルも、合理化された最新の設備も、すべてわれわれの生活をより豊かに、より快適にするためにあるべきで、これらが単なる外形的模倣であってはならないと思う。しかるに、われわれの生活は外見的には近代化されたように見えながら、内容は旧態依然、前近代の域を出ず、明快な近代性に欠けているようだ。帝国ホテルの問題にしても皇居前美観論争にしても、東京都にとって大切な問題であるにもかかわらず、このことに対して人々はいたって無関心で、いまだに多くの都民の世論がきかれないのは、われわれの社会生活に対する前近代的な感覚の現われと言えよう。

『読売新聞』一九六七年九月十五日夕刊（＊22）

昔の人の知恵

一夜にして誰もが一件の家を無から考えつく訳ではないのであって、やはり建築というのは、昔の人の知恵、それをいかにして新鮮にしてゆくかということが、デザインだと思います。手品のようにパッパッとデザインが出てくるものではなくて新しい組合せだと思います。ですから、その中には昔からの材料がいっぱいありますので、昔の人の知恵を尊重しなければいけないと思います。それが僕の信条なんです。

『火と水と木の詩』（＊3）

一九四〇年
ニューヨークのアメリカ自然史博物館

土地に生まれたもの

戦後始めてヨーロッパへ行きまして、今まで、いわゆるクラッシックの建物がどうもぴったりこないと思っていたのですが、本場に行って石の建築を見ると、やっぱり素晴らしいと思いました。何か感動するものがあるのです。

だから僕は、建築というものは、土地に生まれたものであり、そこで出来たものであるから、その地で見なければ、結局はだめだという気がしたのです。

ですからデザインというものは、そこの土地で、基本的な問題からデザインすべきで、他の借りものではどうにもならないということです。

『火と水と木の詩』（＊3）

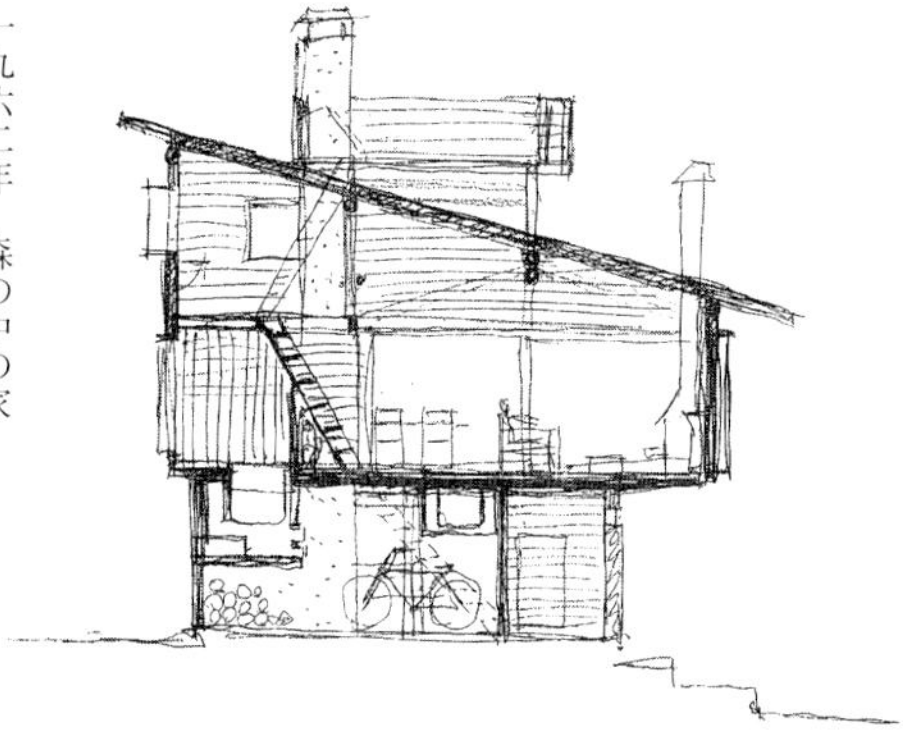

一九六二年　森の中の家

素直さ

建築には資源も浪費しないで、できるだけ手間をかけないで、いい結果を得るという原則があると思います。それが、明治から西洋館が入ってきてね、いろんな飾りやなんかの外形的なものばかりを真似ることが建築のデザインだと思うようになってきた。その後日本の生活が豊かになってきてね、むしろ贅沢さみたいなものを楽しむようになっている傾向があるんじゃないか。しかし日本の大きな歴史からいえば今は特殊時代ではないでしょうか。元来は、やっぱり昔からの、日本のもっている素直さというか、正直さというか、今いった合理性というのか、それが本当で、またいつかは、そういう時代に戻ってくるんじゃないかという気がするんだよね。

『吉村順三のディテール——住宅を矩計で考える』（＊7）

能

久しぶりで能を見にいって、すごく感激しました。不必要な枝葉をみんなとってしまったような、それでしかもそこに、別の生き生きとした美しい世界を作っているわけね。そういう日本独特の精神が、あると思います。必要なものだけで構成するということはとりも直さず、金を使わないで、できるだけ効果を得るということでしょう。また能の舞台を見て、品格というのはどういうところから出てくるのかということを考えさせられました。よいデザインの基本は、プロポーションしかないと思います。

『吉村順三のディテール――住宅を矩計で考える』（＊7）

一九六四年　ストックホルム市庁舎

日本の気持

日本の気持から出たものをつくるべきでしょうね。つまり簡素でありながら美しい、というものなどを考えてですね。新しいことは、そのなかで考えて行くべきであって、決して向こうの真似をするとか、西欧の考えでするのではなくて、日本の気持でやる、ということが大切ではないかと思います。そのためには、日本の気持を養うということも大切でしょうね。最近はヨーロッパやアメリカの建築を見に行くことが割合簡単にできるようになっていますが、その前に、自分たちの住んでいる日本の、長年にわたって風土と文化によって培われてきたさまざまな建築から学ぶことが必要なのではないでしょうか。

その上で、欧米の建築からそれぞれのよい影響を受け、新しいオリジナルなものをつくって行くべきだと思っています。

『別冊新建築　日本現代建築家シリーズ7　吉村順三』（＊23）

建築の美しさ

私が伝統というのは日本のものを全部一つにしてみたことであり、先程申上げたような意味においてであります。例えば美しいものは今問題外だというようなことをおつしやいましたが、私には建築の美しさということがもつとも大事なことであり、建築が美しくなかつたら私は建築なんかやりたくないと思うのです。それで私はその美しさを学ぶのは、いい建築を見た時であります。例えば法隆寺に行つて感激することは、パルテノンを見て感激するのと同じでありますが、いい建築に接すればいつでも素晴しい感動をいたします。

『新建築』一九五六年三月号（＊24）

民家

私は日本で一番好きな建物はお寺や大きな家でなくて、本当は民家なのであります。そしてそこに自然の問題も出て来るのですけれども、その当時民家を作つた人は本当に寒さからも、また嵐からも守れるために、その時に与えられた力一ぱいの材料で、力一ぱいのテクニックで、しかも特別上手な大工さんを頼んだわけでなくて、村の人達が集つてその民家を建てたのだと思います。そしてしかも出来たのはやはり世界の名建築と同じように、私を感動させるものがあるのです。

『新建築』一九五六年三月号（＊24）

一九七二年
目白のソルフェージスクール

生活環境

日本のものはサーカムスタンス（生活環境）の中で見なくては、そのよさが分らないという点がありますね。たとえば、部屋で御馳走をたべていてもお茶碗一つだけがきれいだというわけではなく、お盆があり、床の間のいけばながあり、きものを着た人が接待して、庭の灯籠に灯が入つて、といつた環境の中でお茶碗が生きてくるのです。アンサンブルの中で、それぞれがお互いに生きて、一つのハーモニイが作る美なのです。

『婦人画報』一九五九年六月号（＊18）

一九七三年　松本城

座ぶとん

必要なときに、必要な数だけ取り出して使える日本の座ぶとんは、昔の人々の残してくれた素晴らしい生活用具だと思います。美しい日本座敷の簡潔な魅力は、座ぶとんなしには、考えられないと思います。日本座敷のような開放的な空間のよさはこれからも日本の家に生かして行き度いものです。狭い室内を楽しく広々と使う為には、椅子のデザインが一つの鍵になると思います。椅子は掛け心地は勿論ですがオブジェとして形の良いことも大切です。（中略）簡単に小さく畳めて持ち運びも便利で、狭い所にも仕舞える椅子がこれからの生活に役立つでしょう。

『吉村順三・住宅作法』（＊9）

日本の色彩

日本人は自分たちの色を見失つているのです。このごろガラス器具に赤や黄色の原色を塗るのがはやつていますね。そしてカラフルだというのは戦後、生活の色彩といつてペンキをベタベタ塗りたくつた神経と同じです。

この食卓を見ても、お椀の朱色、染つけの茶碗のいろいろな模様、そこに盛られたカニの色、野菜の青、豆腐の白さ、——茶色の壁と青い畳と白木の柱の部屋のシンプルな食卓の上につぎつぎと運びこまれたこの色彩の変化は外国にないものですね。

それに日本の年中行事、雛まつり、五月の節句のお人形、七夕にしてもカラフルじゃありませんか。

『婦人画報』一九五九年六月号（＊18）

伝統的なもの

やはり伝統的なもの、歴史的なものを踏まえなければ、本当のモダンというのはないわけです。欧米の新建築というのは優れていますが、それはクラシックに対抗しているからです。日本ではクラシックは忘れられて、それで、ただ新しいといっても、そんなものは新しいか、古いのか、分からないわけですよ。

『日経アーキテクチュア』一九七六年十一月十五日号（＊25、＊26）

一九七三年
ウシュマル尼僧院跡（メキシコ）

近代建築

やはり現代建築をどんどんやっていかなければ……。昔の建築に懐古趣味で住んでいるわけにいかないわけです。それから人間というものは絶えず新しい刺激を受け、新しい発展というようなものを体得することが楽しいわけですからね。どうしても近代建築を僕ら、やらなければいけないでしょう。だけれども、それは建築の基本から出発した近代建築であるべきで、形だけで近代的であっても、そこに何も近代的な、精神的要素がなければ、ちっとも近代的じゃないと思うのですよ。

『日経アーキテクチュア』一九七六年十一月十五日号（＊25、＊26）

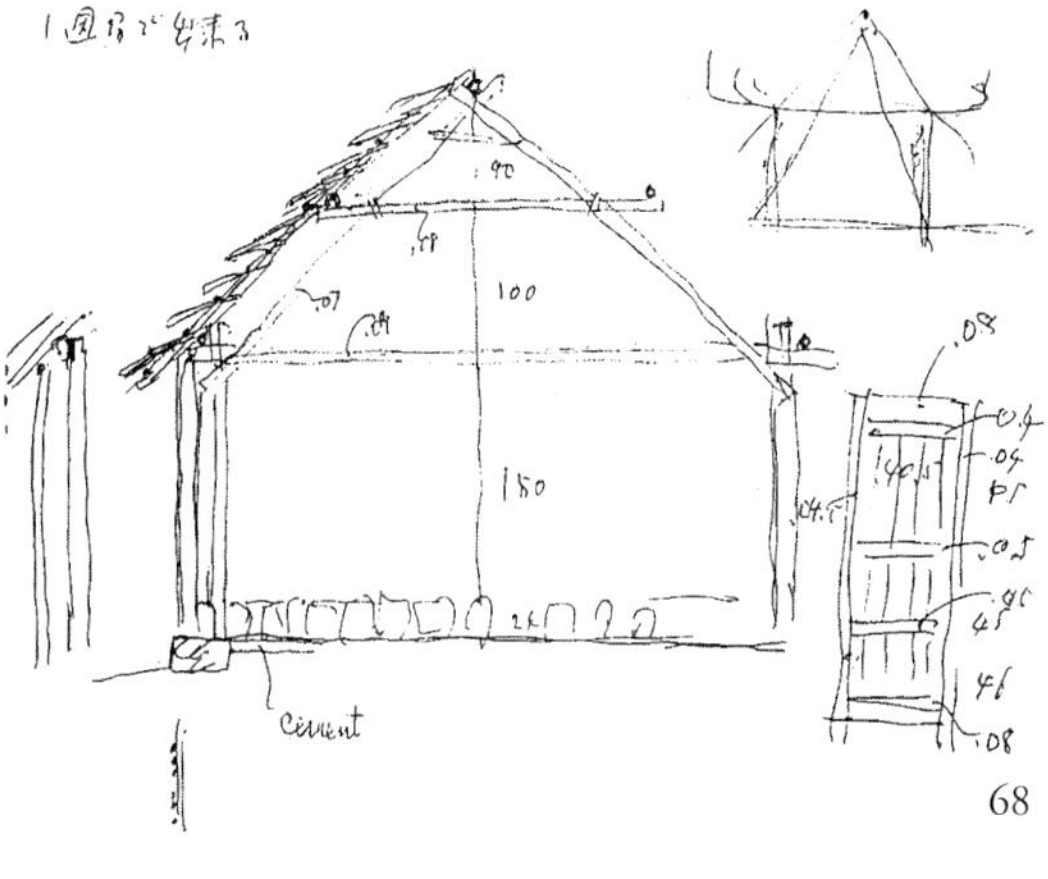

一九七三年　ムナの民家（メキシコ）

昔の人のあかり

私あるとき桂離宮に行ってみて桂離宮が美しいのは部屋のまんなかに照明器具が下がっていないことだ、(笑い)それからガラスが締まってないことだ、と思ったことがあるんですよ。

それから御所の清涼殿では広縁にランプが下がっていますが、ひもで高さが加減できるようになっているのです。「昔の人のほうが偉いじゃないか」と生徒にいったことがあります。

要するに、照明を固定してしまうというのは何だかそれだけ限定されてしまうような気がするんです。

『新建築』一九六八年一月号(*5)

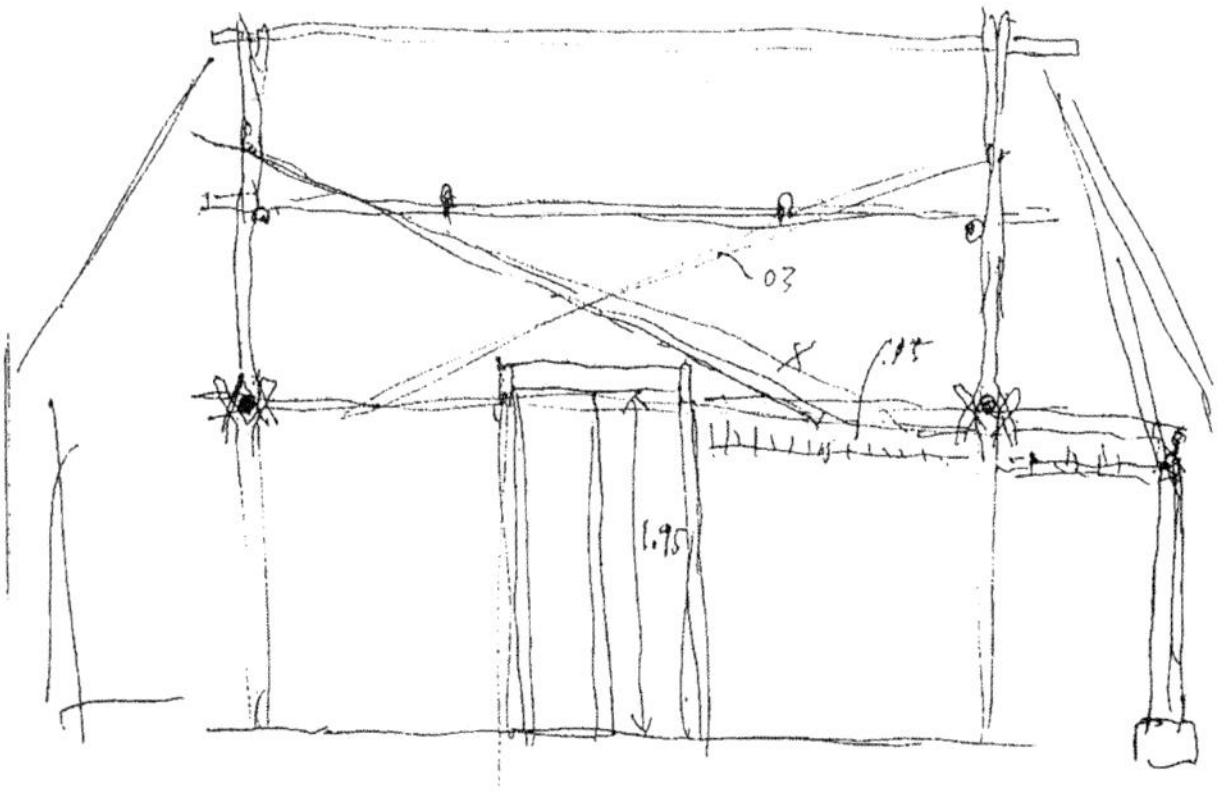

一九七二年　ムナの民家(メキシコ)

禅

日本に来たアメリカの建築家と話した時、彼らは禅がわからなければ竜安寺がわからないかときくんですね。ぼくは禅とは関係ない、また禅ということは自分で考えることなんでね。そうでなかったらぼくらがシャルトロやパンテノンを見てきれいだ、ということもあり得ないんだから、とにかくあなたたちが見てエンジョイしたらいいじゃないですか、といったら大好評だったんです。

『音楽の友』一九七八年八月号（＊19）

建築は詩

いつかメキシコに招かれて行った時、建築は詩であるという話をしたんです。建築というと皆さんは、石とか木とかいう物質から創造されると考えられるけれど、本当は純粋に空間なわけです。その空間がどう出てくるかという問題になるとね、やはり神さまが与えてくれるような気がするんです。それからある洞察が加わる。機械の設計みたいにはいかないわけですよ、なにせ相手が人間ですからね。

『音楽の友』一九七八年八月号（＊19）

一九七五年　キャステル・オピオの暖炉

人間の直感

なんでも「もの」をつくるときは、人間の直感というものがやはり原動力だと思いますね。理論というのは、どうしてもいつでも一面しか考えられない。ですけれども、建築の場合は、なんでも全部その中に問題が入っちゃうわけですから、やはり直感というのは自然だろうと、自分なりに納得しているんです。そして、日本のわれわれは、割合に勘のいい国民じゃないかと思います。

これはひとつの民族的な、日本のわれわれの血の中にある、非常に得な面ではないかと思うのです。

『キサデコールセミナーシリーズ6〈設計技術を語る〉伊豆多賀の家　吉村順三』（＊11）

品

昔のものには建築に限らず非常に品があった。例えば、法隆寺とか桂離宮のような古いものには品が備わっているでしょう。やはり本当にいいもの、品のあるものは、「必要なものだけ」で構成されていることが多い。

『日経アーキテクチュア』一九九一年五月二十七日号（＊27）

一九八〇年
ニューヨークのリンカーンセンター

建築

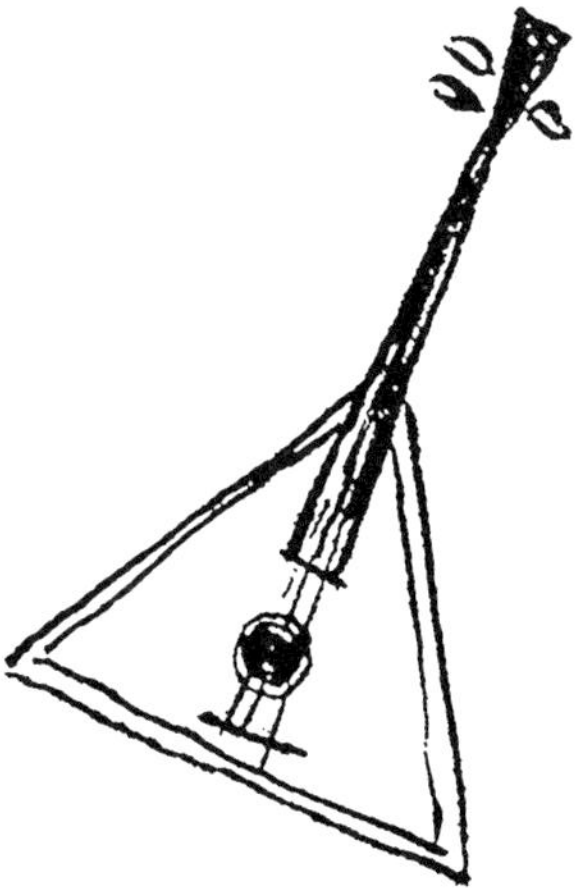

日本建築の特色

日本建築の特色には、いろいろあるが、その第一の特色は、流動的な自由な空間をもつということである。その他、伝統建築のすぐれた要素としては、純粋さ、誠実さ、それからくる芸術性、この四つの要素が考えられるし、これらを近代技術の助けによって、ますます自由に発展させていくことによって、日本の建築家としては、ユニークな仕事を世界に示すことができると思う。

『朝日ジャーナル』一九六五年七月十一日号（＊1、＊2）

自由な交流

日本の建築では、ご承知のように、建物の内部と外部とは、一体のものとして考えられてきた。ということは、室内と庭との間に自由な交流があることである。季節の移り変りは室内に反映して、そのときどきの気分が生れ、室内は室内で、自由な使い方によって、おどろくほど効果的なふんいきが生れる。そこに大らかな気分が生れ、西洋建築にみるような、堅い建物の中の生活ではなくなるのである。日本の民家が、高く評価されているのもこのことによろう。

『朝日ジャーナル』一九六五年七月十一日号（＊1、＊2）

純粋さ

建物の純粋さとは何か。それは建築材料を正直につかって、構造に必要なものだけで構成するということである。柱は常に屋根をささえる役割をもち、障子の桟《さん》は、造形的なパターンであるとともに、しっかりした構造的な役割をもっている。これらの構成は、もっとも簡単で、しかも清楚な美しさを創り出していて、これが私は、純粋さということであると思う。

『朝日ジャーナル』一九六五年七月十一日号（＊1、＊2）

誠実さ

建築における誠実さということは、ちょっとわかりにくいかと思うが、これは建物の目的を忠実に解決する、ということだと思う。いいかえると、建築の造形を誇張しないことである。外国の宮殿にみるように、重厚で、威圧的であっては、日本の新しい宮殿として正しいあり方ではない。形が複雑で、重々しいものに高い価値があるといったのは、ヨーロッパ的表現であって、日本には日本の建築的表現があると私は思う。

『朝日ジャーナル』一九六五年七月十一日号（＊1、＊2）

設計理念

設計理念というものを一言で表現するのはなかなか難しい。質問に対する直接の答えにはならないかもしれないが、どうも最近の日本の建築には品というものが欠けているような気がする。良い悪いとか、好き嫌いは別にして、その作品に品があるということは非常に大事なことで、真に芸術的なものを一言で表現しようとすれば、「品」ということに尽きると思う。僕はいつもそれを考えて設計してきたつもりだ。

『日経アーキテクチュア』一九九一年五月二十七日号（＊27）

日本の屋根

建物の外観を決定する重要なものとして、屋根の問題があるが、日本のように雨の多いところでは、やはり軒の出の深い、勾配屋根がぜひとも必要である。屋根の形は、日本の建築の中で、いちばん美しいものの一つであるが、これも古い屋根をまねるのでなく、新しい技術で、美しい形を創るべきであると思う。

『朝日ジャーナル』一九六五年七月十一日号（＊1、＊2）

釣り合い

建築の技術とは、いうまでもなく、堅固で丈夫な骨組をつくること、工学的な設備をすることだが、芸術面というと「釣り合い」――すなわち、できあがる構造体の寸法や比例、部屋の大きさ、柱の太さ、これらのつくり出す空間の造形美によって、感動を与えるということであろう。古い建築が今の用に立たなくとも、なお、われわれに感動を与えるのは、この芸術性のためでなくてなんであろう。

桂離宮は、今、そこに生活する人はいない。建築としての実用目的は果たされていない。しかしそこを訪れるわれわれは、心を豊かにされ、喜びにみたされるのである。それは、この建物がつくられたときの作者の創意によって、当時の生活のあらゆる機能がよく生かされ、さらにこれを見事に完成した造形の力が、確固としてあるからである。

『別冊新建築　日本現代建築家シリーズ7　吉村順三』（＊28）

グリッド

日本の家は、三尺のグリッドで出来ている訳ですけれど、建築というのは、グリッドの上に載せるべきだと思う。

それはある日のこと、グリッドに載せるんだけどグリッドそのものだったら方眼紙に過ぎない訳だけど、そのグリッドの一部分が変形した時に、何か生き生きとしてくる。

それはモンドリアンの絵を見ててそういうことを感じたことがあるんです。

『火と水と木の詩』(＊3)

ディテール

気候・風土の条件を考えると、日本ではとくに、ディテールを大切にしなければならない。ディテールのよい住宅は気持のよいものであるが、ディテールの形のみの追求に終止して、機能の追求がおろそかになり、建築のよさがころされてしまうことはよくあることである。ミースのディテールにおいても、シカゴのアパートをやっていたころと、のちに忙がしくなってからの作品とを比較するとき、プランニングは同じミースのシステムでやっているのだが、ディテールに初期における機能に対する追求の努力がみられなくなっている。このことは、彼の作品がもっていた、きびしい美しさを失なって行くひとつの大きな原因ともなっていると考えられる。

近ごろは、ジャーナリズムによって、いろいろの人のディテールがたくさん提供されている。知ったものを知らないものとすることはむずかしいことだが、人のディテールに安易によりかかり、そのために機能の追求があいまいになってよいものではないだろう。

『新建築』一九六六年一月号（＊8、＊6）

簡単な形

なるべく簡単な形で、製作に手間がかからんようなものを考えることですね。相当複雑な条件があってもそれをよく考えているうちにたった一つのエレメントで、全部の条件を満足させるような原寸ができるかもしれない。それを、違う発想でやってくるものだから、二つも三つも要素があって線の複雑なものが出来てしまう。ちょっとしたことで一つの機構で、違う条件を全部含むということができるんです。それが、一番いいディテールだと思います。

『吉村順三のディテール――住宅を矩計で考える』(＊7)

原寸

しかし建築を設計するうえで一番大事なのは、結局原寸だと思います。建築家の責任というか仕事といえば、いろいろのプロセスはあるけれど、最後には寸法を決定するというところにあるわけでしょう。その寸法をね、本当にリアルにきめるというのは、原寸です。

『吉村順三のディテール――住宅を矩計で考える』（＊7）

経済性

建築の形というのはやはり経済性があって出てくるのではないでしょうか。金があるのにまかせて柱を丸くし漆を塗ったような家が大陸にはありますが、それは覇権の建築であって、個人の家というのは経済性が建築のキャラクターを決める大きな要素だと思います。少ない材料で豊富な空間をつくるのが、建築の本当の魅力なのではないでしょうか。各国の、それも館とかパレスではなく、民家など一般の人が住んでいる家を見ているうち、だんだんそう感じるようになりました。

それともうひとつ、天然資源を無駄使いしないという大きな要素があります。また使える便利なものはハーモニーを崩さない範囲内で使うべきです。たとえば、電気が出現してから建築のプランも一新したように、そういうものはうまく利用して、結果的には資材を無駄使いしないようにすることです。

事実、これは超一流ですという材料ばかりでつくった家へ行くと、私はちっとも楽じゃない。そういうものじゃないんでしょうか。

『講演対談シリーズ＝住宅を語る　吉村順三』（＊12、＊13）

設備

だって近代建築は設備と一体のものでしょう。近代生活ってのはそういう設備的なことによって、かえって今までの構造を単純化することができるんじゃないか。たとえば、ドアなんてのはね、冬の寒さを防ぐ目的に使われている場合が多いのね。視覚とか音の問題を離れれば、たとえば、セントラルヒーティングをやればね、ドアの全然ないうちもできるわけでしょう。その方が費用もかからないし快適なわけでしょう。それほど、設備と建築の形は一体のもんだと思いますね。しかも、設備の方は、どんどん進歩してるわけでしょう。だから一体として考えて行かなければ余計なことを一杯やることになっちゃう。そういう意味で、設備を取り入れている以上、デザイナーはそれをマスターしなきゃいけない。

『吉村順三のディテール――住宅を矩計で考える』（＊7）

材料

ぼくのこの家の天井のベニヤは日本では一番安いベニヤです。ロータリーラワンですから。ぼくはできるだけ、ただその材料のために金を使うということをしないほうですね。なるべく快適な意味でがまんできる材料は何かというふうに考えますね。

昔は、家の中で人間の感ずるオブジェクトといいますか、対象が単純で少なく、したがって床柱とか天井を楽しむということがあったと思うのですけれども、このごろの生活はコンプレックスしてきておりますね。テレビがあるし、日常生活も複雑になってきておりますから、だんだんに一点の床柱に対する関心というのは昔に比べたら占める割合が小さくなっていると思うんですよ。ですから一点だけに金をかけて、ほかの利点を生かさないというのはほんとうの行き方ではないという気がしますね。いろいろな複雑なものが出てくる今の私たちの生活には、なるべく簡単明瞭ということが大切だと思いますね。そのためのがまんできる材料であればいいんじゃないかという考え方なんです。

『新建築』一九七三年一月号（＊17、＊6）

日本人の知恵

自分達が使います材料をできるだけ有効に使う、それから建築そのものも小さい建築だつたと思うのです。その小さい建築を自分の壁の中だけでなしに場所全体が、その土地全部が住む者と一緒になるような、例えば庭と家の関係とか、あるいは山があればその山と川の形をうまく使つてその陰に村が出来るとか、自然な形もそういう小さくこまつちやくれた複雑な形でありますけれども、その中にうまく溶け合つて、できるだけ利用しようという、考えれば非常に貧乏くさい考えかもしれませんけれども、その結果は私は非常に快適な一つのうまいやり方だつたと思うのです。

『新建築』一九五六年三月号（＊24）

生活する

建築というものは非常に重要なものだと思う。とにかくそこで人が生活するわけですから、真剣なものですよ。

ウチ一軒でも、そこで子供が生まれ、人が死ぬと、非常に真剣なものですよ。それをただ、造形的な、遊びのようなウチでは、いろいろと精神的に、とにかく人間の生活が非常にそれによって影響を受けるのです。

学校なら学校にしても、そこで若い人が育っていくところでしょう。ですから建築のつくり方が非常に精神的な意味を持っている。例えば、学校の建て方が非常に外形を飾るものであるとか、非常にアンバランスなものであれば、やはりその精神的な影響は非常に強いと思うのです。

『日経アーキテクチュア』一九七六年十一月十五日号（＊25、＊26）

建築の批評

日本では、建築家でなければ建物のいい悪いは分からないもの、素人の批評するものではないと思っている。だけど、芸術的な側面だけではなく、普通の人が見て、素直にいいと感じたものが本当にいいもののはず。それがいい建築の条件にもなる。だから今の時代は、日本の建築家も悪いけれども、一般の人もよくないんだね。

『日経アーキテクチュア』一九九一年五月二十七日号（＊27）

心の豊かさ

建築は、はじめに造形があるのではなく、はじめに人間の生活があり、心の豊かさを創り出すものでなければならない。そのために、設計は、奇をてらわず、単純明快でなければならない。

『毎日新聞』一九八九年一月四日夕刊（＊29）

建築家

建築設計という仕事

本来建築設計という仕事は、依頼された建物一切に関する設計の最後までの責任を引受けること、すなわちこれは建物が実際に完成するまでのすべての仕事の総指揮を行なうことであります。一般には建築設計の仕事は調査研究、基本設計、実施設計、工事監理の諸段階として考えられていますが、これらは一貫した作業であり、この作業のすべてが設計の仕事であります。建築家がひとつの仕事を引受ければまず敷地の検討、続いて基本計画から多くの図面を作成し、しだいに細部の設計に入るのですが、その都度たびたび模型を製作し、それによって悪いところを直し、最終の図面を決定するわけです。その過程において多少の修正、部分的な設計変更のあるのは当然のことですし、それによってより良き設計へと進行して行くのです。

『新建築』一九六五年八月号（＊30）

住む人の立場

ぼくは建築家というのは、堅固な構造とか部屋の中の温度とかいった問題に責任を持てばいいと思うんです。あと、どういう室内空間かといったことは、もっと住む人の立場から考えなければね。協力してというよりもむしろ、住む人が注文してつくっていかなければ、これからの家はできていかないんじゃないですかね。もっと家を楽しむことじゃないでしょうか。

『ホームプランニング　世界の市民住宅』（＊4）

デザインの基本

もっと基本的なことからスタートしてデザインをやってみれば、デザインにも新しい生命力が出てくるような気がします。特にぼくなど、学校でスタイルばかりやらされて骨身にしみているのですが、デザインが二義的なところからスタートしている。もっと大事なのは人間じゃないでしょうか。人間をどう料理するかというあたりからデザインがスタートすべきであって、そうすればもっとユニークなデザインが出てくると思います。

『講演対談シリーズ＝住宅を語る　吉村順三』（＊12、＊13）

地震

もう一つ、僕が、建築家になった訳について前に言い忘れましたが、中学の時に、大地震にあったことです。大正でした。

それで、家というものは地震に強くなければいけないと、身体で感じたものがあります。そして、東京が、だんだん焦土から復興してきた訳です。だから戦後の建築が生々しかったように、非常に強く印象に残っています。それも、建築の方向に進めた原因だと思います。

『火と水と木の詩』（＊3）

現寸

　レーモンド事務所へ行って覚えたことは、やはり図面を書かなければいけないということです。レーモンドが現寸まで全部自分でチェックするものですから、そこで現寸の感覚を得た訳です。現寸というのは、皆さんも、経験していると思いますが、実際に見たものより大きく見えるのよね。

　現寸の窓枠のセクションなんていうと、見た時は外から見ますから、実物は常に大きい訳ですね。そういう感覚は、学生の時だったんですが、幸運にもチャンスがあったものですから、そこで覚えました。

　それから、西洋人ですから、椅子の使い方、食事の仕方なんかは割合い抵抗なしに勉強できたと思っています。だけど一番、為になったのは、西洋的な、仕事に対する合理的なシステムを、ちゃんと立ててやるということと、現寸までおろそかにしないことです。

『火と水と木の詩』（＊3）

建築の仕事

私は建築家になって良かったと思っている人種でございます。それにはいろいろ理由が有りますが、一つには人の為の仕事が出来るということと、人の役に立つ仕事が出来るという事です。自分の欲得でやる仕事はどうしても年をとると疲れますが、人の喜こんでくれる仕事をやるということは、非常に快適なもので幸福に思っています。もう一つ建築の仕事というのには、いろいろな条件があると思いますが、経験と勘の仕事だと思います。ですから、年をとってからでも全力投球できる仕事はあまりないと思います。

『火と水と木の詩』(＊3)

建築家の社会的責任

建築家というのはとにかく建物を建てて、決定的にあるスペースを専有して、そしてそこに建物が出来るのですから、その社会的責任というのは重大だと思います。そしてその建物の基本になるものは建物の形、その形をどうするか一定の機能を満足させるような形というもの、これの答えはほとんど無限に近いわけです。

『火と水と木の詩』（＊3）

いい形

いい家とか悪い家というものはどういうことなのかという問題があると思いますが、やっぱりいい形というのは、自然から学ぶよりしようがないと思います。人間も自然の一部なんですが、それをちょっと忘れてしまって、非常にいろんな人工的なことに惑わされているんじゃないかと思います。ある場合には建築家もその商業主義の片棒をかついでいるんじゃないかと思います。それを何とか打破していかなければならないと思います。

『火と水と木の詩』（＊3）

デザインの持ち駒

建築家はデザインの持ち駒をうんと持ってなくちゃいけないのじゃないかと思います。
それでやる時は持ち駒全部を出さずに一つだけ出すのですね。
ですからそういうむなしい行為一つ一つを蓄積していく訳ですね。
そんなふうに考えていった方が結果としては得するのです。
駒がないとさ、少ないとそれだけで解決しなきゃならないのだけれど、うんとあれば、
今度はこれだと選べる訳ですね。
だから沢山駒を溜めておくことです。
その為にはうんと今のうちに勉強しておくことです。

『火と水と木の詩』(＊3)

設計というもの

建築の上に芸術的に反映させるのが、私は設計の仕事だと思う。つまり計算では、出てこないような人間の生活とか、そこに住む人の心理というものを、寸法によって表わすのが、設計というものであって、設計が、単なる製図ではないというのは、このことである。

こうした点から、私は近ごろ建築の、あまりにも合理化に走った傾向に対しては不満を持っている。建築家はすべからく、もっとイマジネーションを持たなければならない。もし建築が合理的な効果ばかりを重視し、そこに住む人の心理的な面を考えないならば、それは建築ではなくて、たんなる建物にすぎない。このことは重要なことだからもう少しつっこんでいうと、団地、アパートやビジネス・センターのビルディングは、あまりにも人間を考えていないのではないかという感じがする。団地アパートはただ立ち並んでいるから悪いのではなくて、そこには並べ方というものがあろう。またインドの古い村や中国の古い町の集合住宅にみるように、入口の形を少し変えるとか、色を変えるなどして、そこにもう少し人間の気持ちを取り入れることもできると思う。

『別冊新建築　日本現代建築家シリーズ7　吉村順三』（＊28）

よい空間

問題は、いかにしてよい空間をつくるかということであり、住む環境はいろいろの手を用いて質を落とさないようにすることが大切です。そのほか、品がいいとかエレガンスとかいった問題があると思いますが、これは一流の材料だからとか金がかかったからということばかりでなく、プロポーションが大きく関係していると思うんです。

『講演対談シリーズ＝住宅を語る　吉村順三』（＊12、＊13）

いいうち

いいうちが造れるような建築家でなければ一般のよい建築も設計できないんじゃないかしら、私の好きな建築の大家は皆愛すべき住宅の設計からスタートしていると思います。昔の日本のうちにいってみてなんとなくいいってことは、大切なことがちゃんと裏付けされてるから、良いんであってね、さもなけりゃ、なんにもない日本間のインテリアなんてのは空しくて住めたものじゃないと思うのね。西洋みたいに、一杯いろんなものを並べたくなるでしょう。

『吉村順三のディテール——住宅を矩計で考える』（＊7）

将来の変化

建築家というものは、将来の変化を見越して仕事をやるべきだと思います。つまり、いままでの住宅はこうだったが将来ここはこうなるのではないだろうかとか、10年ぐらい後にはどれくらいの家がその人の生活に合うかなどを考えてつくる。なかなか当たらないかもしれませんが、とにかくそういうことを心がけて、仕事をしています。たとえば、戦後仕事をはじめたころ、小さな家でも暖房を重視し、仕上げの予算を削ってでもそちらへ回すようにしていましたが、それがいまごろになって喜んでもらっています。建築家にはそういう義務もあるのではないでしょうか。

『講演対談シリーズ＝住宅を語る　吉村順三』（＊12、＊13）

一本の線

私は建築家というのはクライアントにもつくる人にもまた社会的にも責任をもたなければいけないと思います。むずかしい工法など十分に考えて使わなければいけませんね。日本の建築家はもうすこしデザインを簡単にしてもいいのではないかと思う例もよくありますね。手工芸的近代建築が多いのですから、よく事務所の連中にいうんですよ。「きみたちがなにげなく直線をさっと引いたために職人も泣くしクライアントもよけいな出費をする。そのうえホコリなどたまって外観もきたなくなり、みんながいやな思いをすることがあるんだよ。だから1本の線が大切だ」とね。

『新建築』一九六八年一月号（＊5、＊6）

日本の性格

住宅の設計にあたっては、とにかく要らないものをできるだけ省いたほうがいい、物も気持ちもね。日本の性格は本質的にはシンプルなものだと思うから。今は物がありすぎますよ。どっちでもいいような物も多い。どっちでもいいような物は、ないほうがいい。とにかく物は、よく吟味して整理していけばいいんじゃないかな。

『新建築住宅特集』一九八九年六月号（＊31）

ヒューマンなもの

画一的といえば、京都の町や江戸の町にもずいぶん、見た目には画一的なところがあった。が、そこにはやはり微妙なニュアンスの相違というものがある。そういうものによって、人間らしい生活がいとなみうるのである。こうしたとらえがたいヒューマンなものをとらえて図面にのせるのが、設計であり、建築家というものである。

『朝日ジャーナル』一九六五年七月十一日号（＊1、＊2）

楽譜を見ながら

私は音楽の専門家ではなく、ピアノに触れることもなく、もっぱら演奏会や、レコードや、TV等で音楽を楽しむ一人に過ぎないが、其の後ふとしたことから建築の設計図を見る様に楽譜を見ながらレコードの音楽を聴く楽しみを持つ様になった。そしてこのことを非常に幸せに思っている。ピアノ曲の低音部と高音部の二段の音符の織りなす絶妙さ、ベートーヴェンのピアノ曲の譜面には見る度に新しい発見があって素晴らしい。ピアノ曲ばかりでなく室内楽や交響曲の総譜を見ながら演奏を聴くことも実に楽しいことである。

『音楽の友』一九七九年十月号（＊32）

手を動かして

僕は写真もよく撮るけどね、ある時、なるべくスケッチをしようと決心したことがあるんだ。それからずっと、こうスケッチをするようになったんだ。手を動かしてスケッチをすると、いろいろなことを覚えるでしょう。写真だと、シャッター押して、それでもう忘れちゃうけどね。今、自分のスケッチを見ていて、その頃描いたことを覚えているものね。いつ頃から始めたか覚えていないけど、好きだったんだね。いいもんだよ、これは。

『吉村順三素描集』（＊33）

旅をする

もうひとつ大事なことは、好きな建物は同じ所でも何度でも見に行くってことだね。何度も行くと、こういうこともあった、こんな所もあったって、必ず何か新しい発見があるものだよ。気になる所はちゃんとメジャーをあてて実測しておくってことも必要だね。それから、見るのは、なにも建築ばかりじゃなくてもいいんだよ。小説の中にだって、映画の中にだって一種の旅をすることはできるんだよ。

『吉村順三・住宅作法』（＊9）

寸法に責任を持つ

私は建築家として、自分では寸法にいちばん責任をもっている。自分のプロとしての責任として、寸法を大事にしています。

寸法というものはもっと大事な、われわれが建築をつくってきた、またこれからつくっていく歴史の上で比例の問題とか、それから形の問題とか、もうひとつはそこで生活する人たちから要求される、これはとくに注文はなくても妥当な寸法というものが、人間の寸法から出てくると思うのです。

『キサデコールセミナーシリーズ6〈設計技術を語る〉伊豆多賀の家　吉村順三』（＊11）

共同して

建築というのは、ぼくは絵と違って、どんなにがんばってもひとりでできる仕事じゃないと思います。それからまた、そうオリジナルということはなくて、必ずいままでの人間の経験、それから昔の人の発見というもののまた新しい組み立てだと思うのです。ですからみんなで共同して、そういう人たちからまたいい考えが出てくれば、自分で考え及ばなかったような答が出てくることもありますね。

『キサデコールセミナーシリーズ6〈設計技術を語る〉伊豆多賀の家　吉村順三』（＊11）

将来の洞察

将来を洞察し将来に責任を持つのも建築家の仕事である。そのためには、長持ちする建築でなければならない。

『毎日新聞』一九八九年一月四日夕刊（＊29）

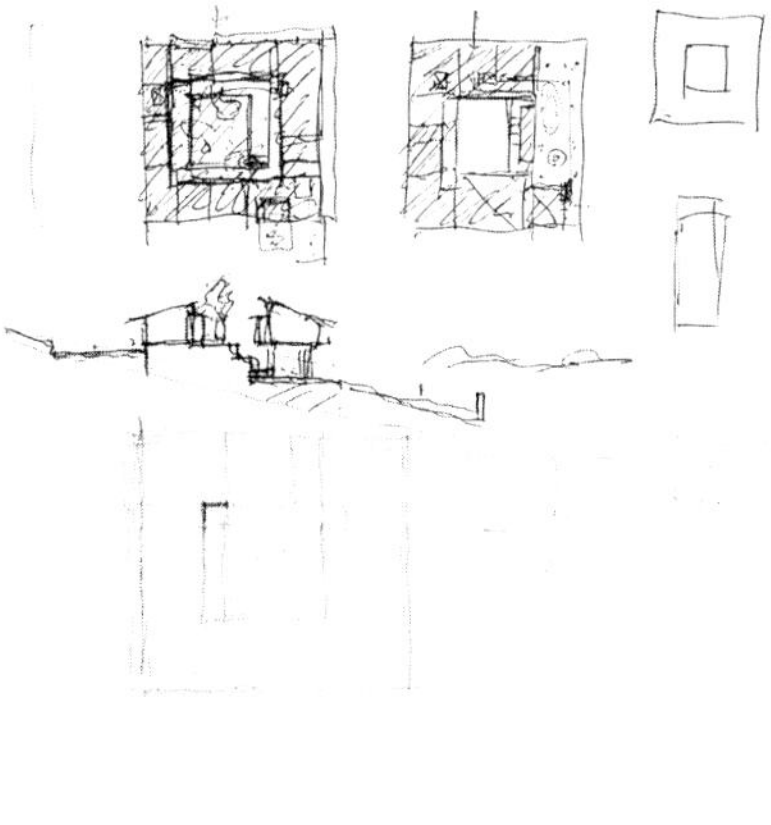

一九七四年　ウエストチェスターの家

あとがきにかえて

住宅から宮殿まで

話し相手と同じ目線で

建築家吉村順三は、いつでも誰に対しても、また、どんな場面でも聞く人と同じ目線に立って自分の思いを率直に語っている。

一九五八年から東京芸術大学建築科で受けた吉村の建築概論の講義を思いだす。車座に座ったクラスの十一名を前にして、椅子に腰を下ろすと脚組みをして、小さな手帳を取り出して、日本の建築とはから始まり、材料から設備のあり方まで話が及ぶ。

「卒業後の仕事は、大学時代に描いた夢を追っていくもの」「建築家は何でも経験して豊富な生活感覚を持つことが大切」とも語った。吉村は、美術学校の卒業制作が最小限住宅であり、その後大型の建物を設計する時も人の生活と心理的なものを大切にした伝統と人間愛に根ざした設計姿勢が一貫している。

最初の講義で、「学年によっていい仕事をする複数の人が生まれる」と語 った。クラスメートが共に思いきり学生時代を生きろと示唆したのだろうか。

一緒に古建築を見学した時のことばも忘れられない。一学年の時、横浜の三溪園の見学会で、吉村は襖絵を前に空間への効果を語った。三学年の研修旅行は奈良の旅館に泊まり、京都御所見学の時は吉村の案内だった。天井に固定された照明器具の無い空間の豊かさを語ったことも忘れられない。二条城見学を終えてひと休みしていた時、「先生、今日は法華堂の執金剛神像が年に一度開扉する日と聞きました」と言うと、即座に予定を変更して、奈良に帰り法華堂に行った。見ることに対してどん欲な姿勢を教えられた思いがした。

吉村は、中学一年生の時、法隆寺を見て、修学旅行の時は友だちに説明をしたとも聞いた。美術学校時代は時間があると京都や信州に出かけ、さらに、当時はパスポート無しで行けた朝鮮と中国にも出かけ、北京の街のすばらしさに、学校を一か月休んで滞在して見て歩いたとも聞く。吉村は好んで旅して優れた建築を学び、実測したりして青年時代を過ごしたようだ。良いものを数多く見て勘を養うことの大切さを述べている。建築は写真では分からない、実物を見て雰囲気を味わうことだと教わった。しかも、写真機だけでなく、スケッチをして手を動かして物を見ることの大切さも、吉村のスケッチを並べて見るとつくづくそう思わされる。

「君が住みたい家をつくってごらん」

私が吉村設計事務所に入社した一九六三年の暮れ、最初に担当したのが小住宅「浜田山の家」だった。「君が住みたい家をつくってごらん」と言って、まずは数少ない示唆だけだった。「新手を考えてね」と付け加えた。それまでに膨大な事務所の住宅事例がある。しかし、それらの引写しは許されない。吉村との打合せはいつも、「君の意見は」とまず聞く。大学出立ての若者も一人前のあつかいであり、それは先輩の間でも当たり前となっていた。その雰囲気は、若者にとっては「よおっし！」と意気込める。しかし結局は、吉村の手のひらの内にあるわけだが、そのへんの吉村の尻の押し方が実にすごいなと思う。

建築家の責任

「建築は一人の設計者が最後まで責任をもっておこなうもの」と語り、同時にチームワークを大事にしていた。一九六五年から東京芸大と吉村設計事務所の共同で愛知県立芸術大学の設計がはじまった。その時は事務所から東京芸大に移籍されていた奥村昭雄さんから声をかけていただいて出向し、四年間愛知芸大の設計にかかわった。吉村順三、天野太郎、山本学治、温品鳳治、奥村昭雄、茂木計一郎の諸先生のほか沢山の方々が大いに議論しあった設計も忘れられない。

吉村と一緒に歩いた敷地には、低い松の林の各地点に竹の棒の先に赤い布切れの目印があった。見て回りながら、その時の吉村の動きに敷地を読み取ることの大切さを教えられた。全体の配置計画を検討する時は、尾根をはさんだ丘に建物を展開する二つの案を手分けして検討したものを持ち寄って論議した。奏楽堂の屋根の計画を、先生方が研究室のそれぞれの机に向かってスケッチしては持ち寄って論議したこともなつかしい。

吉村は「寸法をきめる責任は建築家にある」と言って、図面を描くこと、原寸で決めることを大切にしていた。当時は、トレーシングペーパーに鉛筆で作図していて、どんなに変更して書き直す場合も、新しい紙に取り替えるのではなく、消しゴムで消して描いていた。しかも、時間のある限りかまわず変更して追求する場面に閉口しながらも感心させられたものである。

入社前に、国立劇場のコンペのパースを描いたことがあり、今日が提出という日の未明、吉村も皆と一緒に徹夜していた。外観のパースは水彩絵具でほとんど仕上がり、中央に樹木を配置することになり、その木も仕上がっていた。外が明るくなってきていた時、「彫刻のほうがいいかね」と吉村が言う。新しく描き直す時間はない。その部分を水で洗って彫刻を置いてみた。「やはり木のほうがいいね」と言われ、再び樹木に描き直して完成。消しゴムで消す図面とは違うが、先輩の誰もが、ごく当たり前として気にもかけない場面があった。この時のパースは入社試験みたいなもので、先輩からは「コンペに入選しなければ入社できないよ」と冷やかされたものだった。

入社当時、吉村の執筆したものを目にすることはなかった。しかし、一九六五年の夏、朝日ジャーナル誌に寄稿した「建築と設計――私はなぜ新宮殿の設計から手を引くか」の文章を読んで、建築家とはかくあるべきものかと若い心に刻まれたものだった。私は新宮殿の設計には参加していなかったが、入社して最初の仕事が大判紙に新宮殿の鳥瞰図を描くことだった。吉村から「松は松らしく」描くように言われたことを思い出す。

吉村の文章は、新宮殿の基本設計を完成させ、実施設計の段階に入ると、宮内庁が「実施設計は宮内庁営繕部がおこなう」と言って、吉村の意図した設計の主旨が変形されていき、文書を出して打開の努力をしても解決せず、建築家の責任が負えないとして手を引き、設計者の立場を明確にするために辞任した時のアピールである。シンプルにして日本の宮殿に相応しい雰囲気を醸しだそうとする吉村にとって、ヨーロッパ流の飾り立てた宮殿という考えをよしとすることはできなかった。

「建築設計の仕事は大ぜいの人々の協力のもとに終始一貫、ひとりの設計者の責任においておこなうことが正しいと、私は信じている。ことに、宮殿といったような、芸術的性格をもっとも必要とする建物においては、この原則は必ず守られなければならないと思う。なぜならば、宮殿は、真の創作でなければならず、またすべての創作は、これを創造するものが、一貫した誠意と熱情をかたむけて、最後まで仕事をすすめていかなければならないからである。」(『朝日ジャーナル』一九六五年七月十一日号)

建築家の仕事の流れを懇切に説明し、日本の風土と祖先の生活から生み出された独特な伝統建物のすぐれた要素や日本建築の特色を丁寧に解明し、建築家の役割と職能を分かりやすく説いて「建築と設計とのルールを確立するために役立てば幸いである。」と、世間に誠実に訴えかけたものだった。しかし、建築界の反応とジャーナリズムの報道は当事者である吉村と宮内庁の問題に終始して、この昭和の代表的建造物ともなる新宮殿がいかにあればいいか、日本建築の独特の伝統を踏まえた建築のあり方、つくり方を論じ、建築家の職能と役割を社会的に論じてひろく一般の理解を得るせっかくの機会を活かす努力が見られず、がっかりしたものである。

現在でも、公共施設の設計者選定において設計料の価格を競わせる入札制度がまかり通っている。建築家の役割や仕事の性格がほとんど理解されていない事態は、国民の世論喚起のチャンスを見過ごした建築界にも責任があると私は思っている。

設計の仕事

朝日ジャーナル誌の文章の書き出しが、本書の4頁に掲載してある。「建築家として、もっとも、うれしいときは」で始まり、設計の仕事について吉村の思いが述べられている。そこに住む人、使う人の心理を大切にしてイマジネーションを働かせる設計姿勢は、住宅から宮殿まで貫いていることに感銘をうけたものである。さらに、日本建築の特色について、流動的な自由な空間、純粋さ、誠実さ、そしてそれからくる芸術性という四つの要素に言及し、「これらを近代技術の助けによって、ますます自由に発展させていくことによって、日本の建築家としては、ユニークな仕事を世界に示すことができると思う。」と記し、具体的に丁寧に基本設計にいたるまでの考えを述べている。当時、近代建築が機能的な面ばかりに走り、しだいに人間的な精神が忘れられてきていた傾向を憂い、「わが国は昔から他の国々とは、非常に異った独特の建物を生んでいる。この伝統は、われわれの風土と祖先の生活から生み出されたもので、調和のあるなかにも、合理的、芸術的な考え方は、今日、現実に世界の建築界に大きな影響を与えている。私はわが国の伝統の中のあるものは、先人の大変なエネルギーと洗練が加えられていて、そのままで、世界に誇るべき立派な芸術作品となっていると思う。」と指摘している。同じ文章に吉村は「欧米において、建築家の社会的地位はきわめて高いが、それは、ひろい文化的知識をもち、しかも非常なイマジネーションをもって、ヒューマンなものを具体化するという困難な建築家の仕事が、よくみとめられているからである。事実かれらは、自分の町の歴史的建築をだいじにし、公共建築の設計者を尊敬し、自慢している。」とも記している。

「いまこそこの大都市再建を」

一九六七年に、アメリカの建築家フランク・ロイド・ライトの設計した帝国ホテル旧館の取壊しに反対して「帝国ホテルを守る会」が発足したのは、東京芸大に出向していた時である。東京芸大研究室で、奥村さんを中心に大学院生と語らい、東京芸大に「会」をつくり、天野太郎さん、遠藤楽さんほか、ライトに関係深い建築家とともに半年間運動に熱中した。この時も、建築界の反応も建物が現代の要求する機能を満足させないという論議で、歴史的建築の存在が都市の再建にとっての意義について世論喚起をうながすものではなく悔しい思いをしたものである。

その時、吉村が読売新聞九月十五日の夕刊文化欄に寄稿した文章にはげまされた。東京の雑多な無秩序に対して、「いまこそこの大都市再建を」と本当の近代性確立を訴える文章で、帝国ホテル旧館保存の問題をとりあげ、「いうまでもなく、都市の美しさを造り出す重大な要素の一つは建築である。すぐれた建築と、その環境の作り出す雰囲気が品格ある都市を構成する。ライトの設計した帝国ホテルが東京の名建築であるばかりでなく、世界の名建築であることはいうまでもないが、東京の再建に当たって、私はぜひこの建て物を残しておきたいと願うものの一人である。」「かといって私は、東京の古いものばかりを残せといっているのではない。」「古い東京を残しながら、新しい東京がつくられていく。これこそが本当の都市のありかたである。」「真に芸術的な『ほんもの』の建築は時代を超越してその存在価値を持つ一方、新しく生まれてくるものを正当づける基準を与える。その基準がなかったら、真に新しいものは生まれない。」と、ニューヨークのいくつかの例を紹介しながら訴えている。

現在、日本の都市で、歩きたくなる、歩いて安らぎを感じて住みたくなる、住んで安心と誇りを感ずる場所がどれだけあるだろうか。品のない建物が無秩序に並ぶ街、車があふれ、よごれた空気が充満している都市、近く予測される大地震に対して無防備な都市を現代はつくってきてしまった。この間の時代の変化は目まぐるしく、吉村が心配していたことが驚くほどの早さで進行し、日本の建築や町、住まいや地域共同体の良さが残っているところがわずかになってしまった。

吉村の設計した建築の設計資料四万三千点が東京芸術大学に寄贈されて同大学に保管されている。同大学美術館で開催される吉村順三建築展（二〇〇五年十一月十日から十二月二十五日まで）を機会に、吉村の語録集を刊行することになった。

語録編集にあたり、吉村多喜子夫人、長女隆子さん、吉村設計事務所の大野寛さん、井手紀子さんから、資料提供と多大なお力添えをいただいたことに、心からお礼申し上げたい。

建築展実行委員会を代表して東京芸術大学益子義弘教授、彰国社の土松三名夫氏、中央設計の石川美麻と永橋の四人で編集を進め、他に、同大学大学院生大島彩さん、建築科図書室の寺尾佳子さんのご協力をいただき、永橋が監修を務めた。

吉村の存命中に活字になった新聞、雑誌、書籍等から選んでことばを並べながら、畏敬の念を新たにするとともに、この出版の機会を嬉しく思っている。吉村のことばが、これからの建築と設計、すまいづくりやまちづくりのあり方の論議に資することを願うものである。

二〇〇五年十月吉日

永橋爲成

初出文献一覧

＊1 「建築と設計──私はなぜ新宮殿の設計から手を引くか」『朝日ジャーナル』一九六五年七月十一日号
＊2 「別巻　補遺」『吉村順三建築図集』吉村順三設計事務所／同朋舎出版／一九九〇年（再録）
＊3 『火と水と木の詩』新建築家技術者集団岐阜支部／一九七九年
＊4 「座談会〈混乱から創造へ──日本人の暮らしと住まい〉吉村順三、角田房子、内田晴美」『ホームプランニング　世界の市民住宅』朝日新聞社／一九七八年
＊5 「住宅設計を支えるもの　吉村順三（聞き手＝林昌二、野村豪、小能林宏城）」『新建築』一九六八年一月号
＊6 「吉村順三建築・設計の世界──その発言を通してみる建築語録集」『別冊新建築　日本現代建築家シリーズ7　吉村順三』新建築社／一九八三年（再録）
＊7 「対談＝吉村順三、宮脇檀」『吉村順三のディテール──住宅を矩計で考える』彰国社／一九七九年
＊8 「内側からのスタディ──住宅設計における私の方法」『新建築』一九六六年一月号
＊9 『吉村順三・住宅作法』吉村順三・中村好文／世界文化社／一九九一年
＊10 「座談会〈明日の小住宅にもとめるもの──小住宅競技設計の審査を終って〉吉村順三、谷口吉郎、清水一」『新建築』一九五八年十一月号
＊11 『キサデコールセミナーシリーズ6〈設計技術を語る〉伊豆多賀の家　吉村順三』新建築社／一九八〇年
＊12 『講演対談シリーズ＝住宅を語る　吉村順三（聞き手＝三輪正弘）』日本建築家協会関東支部／一九七六年
＊13 『新建築一九八〇年十二月臨時増刊号〈住宅設計の手法〉』新建築社／一九八〇年（再録）
＊14 「別巻　補遺」『吉村順三建築図集』吉村順三設計事務所／同朋舎出版／一九九〇年
＊15 「座談会〈生命の棲み家──詩的空間の創造〉金子光晴、吉村順三、栗田勇」『現代日本建築家全集8　吉村順三』栗田勇監修／三一書房／一九七二年
＊16 「伝統と現代」『現代日本建築家全集8　吉村順三』栗田勇監修／三一書房／一九七二年
＊17 「対談〈人間と建築・その1〉吉村順三・村松貞次郎」『新建築』一九七三年一月号
＊18 「日本的な美しさとは」『婦人画報』一九五九年六月号
＊19 「特別座談会〈われら音楽の喜びを語る〉吉村順三・飯田善国・鍵谷幸信」『音楽の友』一九七八年八月号

＊20　「家の心　無の美」『社会福祉法人　浴風会』一九七九年五月一日号
＊21　「〈新建築住宅設計競技一九六八〉審査員のことば」『新建築』一九六八年一月号
＊22　「古い東京・新しい東京——いまこそこの大都市再建を」『読売新聞』一九六七年九月十五日夕刊
＊23　「吉村順三〈わが軌跡を語る　一九〇八年—一九八三年〉」『別冊新建築　日本現代建築家シリーズ7　吉村順三』新建築社／一九八三年
＊24　「〈シンポジウム＝日本建築の進路　伝統をどう克服するか？〉報告者＝丹下健三、池辺陽、横山不学、大高正人、吉村順三、コンラド・ワックスマン、ほか」『新建築』一九五六年三月号
＊25　「いんたびゅー＝吉村順三氏〈祖先からの知恵の結集を放棄して、何が近代建築か〉」『日経アーキテクチュア』一九七六年十一月十五日号
＊26　『建築家という生き方』日経アーキテクチュア編／日経BP社／二〇〇一年（再録）
＊27　「インタビュー＝吉村順三氏（建築家）」『日経アーキテクチュア』一九九一年五月二十七日号
＊28　「第1回新建築講演会録」『別冊新建築　日本現代建築家シリーズ7　吉村順三』新建築社／一九八三年
＊29　「毎日芸術賞を受賞して」『毎日新聞』一九八九年一月四日夕刊
＊30　「しんけんちく・にゅうす〈吉村氏新宮殿設計を辞任〉」『新建築』一九六五年八月号
＊31　「建築家と自邸」『新建築住宅特集』一九八九年六月号
＊32　「随筆〈私とピアノ音楽——ベートーヴェンのピアノ・ソナタ〉」『音楽の友』一九七九年十月号
＊33　「聞書」『吉村順三素描集』吉村順三／同朋舎出版／一九九一年

監修者略歴

永橋為成（ながはし　ためなり）

一九三七年　神奈川県逗子町に生まれる
一九六三年　東京芸術大学美術学部建築科卒業
　　　　　　吉村設計事務所入社
一九七二年　中央設計設立に参加
一九七四年　吉村設計事務所退社後、中央設計に移籍
一九九六年　中央設計代表取締役
二〇〇四年　同社代表取締役退任、中央設計・研究所所長
二〇〇八年　永橋為成・居住福祉研究所所長
二〇一九年　死去

主な著書

・『園舎改築のアドバイス――みんなでつくる明日の保育園』全国市立保育園連盟編、中央設計著（共著）／筒井書房／一九九三年
・『生活を支える施設づくり　お年寄りの輝く顔が見たい』中央設計編著（共著）／筒井書房／一九九五年
・『高齢者施設のルネッサンス』大友信勝編著（共著）／ＫＴＣ中央出版／一九九六年
・『利用者に喜ばれる病院づくり』中央設計編著（共著）／あけび書房／二〇〇〇年
・『共同設計で進める園舎づくり　保育園づくりアドバイスシリーズ１』中央設計編著（共著）／筒井書房／二〇〇三年
・『利用者に喜ばれる高齢者施設づくり　みんなですすめる参加型の共同設計』中央設計編著（共著）／中央法規／二〇〇五年

主な活動歴

・日本建築学生会議関東ブロック委員長（一九六〇年）
・新建築家技術者集団全国事務局長（一九七六―一九八三年）
・逗子まちづくり研究会世話人代表（一九八九―二〇〇一年）
・上野東照宮境内に「広島・長崎の火」を永遠に灯す会　常任理事（一九九〇年―現在）
・映画人の墓碑の会　顧問（一九九二年―現在）
・逗子まちづくり基本計画市民会議委員（二〇〇三―二〇〇七年）

建築家 吉村順三のことば 100 建築は詩

2005年10月20日 第1版 発 行
2024年11月10日 第1版 第11刷

著作権者との協定により検印省略

監修者 永 橋 爲 成
編 者 吉村順三建築展実行委員会
発行者 下 出 雅 徳
発行所 株式会社 彰 国 社

自然科学書協会会員
工学書協会会員

162-0067 東京都新宿区富久町8-21
電 話 03-3359-3231（大代表）
振替口座 00160-2-173401

Printed in Japan

製版・印刷：壮光舎印刷 製本：ブロケード

ISBN 4-395-00762-7 C 3052

https://www.shokokusha.co.jp